essentials

Steffen Hillebrecht

Gruppenarbeiten vorbereiten und moderieren

Eine kleine Trickkiste
für die erfolgreiche Leitung
von Teams und Projekten

Steffen Hillebrecht
Fakultät Wirtschaft
Hochschule Würzburg-Schweinfurt
Würzburg
Bayern
Deutschland

ISSN 2197-6708   ISSN 2197-6716 (electronic)
essentials
ISBN 978-3-658-12088-7   ISBN 978-3-658-12089-4 (eBook)
DOI 10.1007/978-3-658-12089-4

Die Deutsche Nationalbibliothek verzeichnet diese Publikation in der Deutschen Nationalbibliografie; detaillierte bibliografische Daten sind im Internet über http://dnb.d-nb.de abrufbar.

Springer Gabler
© Springer Fachmedien Wiesbaden 2016

Gedruckt auf säurefreiem und chlorfrei gebleichtem Papier

Springer Fachmedien Wiesbaden ist Teil der Fachverlagsgruppe Springer Science+Business Media
(www.springer.com)

Was Sie in diesem *essential* finden können

- Offene und verdeckte Aufgaben einer Gruppenarbeit
- Vorbereitung und Controlling von Gruppenarbeiten
- Hinweise zur Arbeitsform Besprechung
- Hinweise zur Arbeitsform Gruppenmoderation
- Projektplanung für Gruppenarbeiten leicht gemacht

Inhaltsverzeichnis

Der Auftrag für eine Gruppenarbeit

1

Gruppen sind „mehrere" Personen, wobei man in der Regel von 3 und mehr Personen als einer Gruppe spricht – 2er-Teams sind in der Regel Paare oder Tandems, aber keine Gruppen im klassischen Sinne.

Gruppenarbeiten verfolgen mehrere Ziele:

- Die Bewältigung einer (komplexen) Aufgabenstellung, innerhalb eines vorgegebenen Zeitraums
- Die gegenseitige Ergänzung mit unterschiedlichen Kompetenzen und Wissensständen der einzelnen Teammitglieder
- Die Herstellung und Vertiefung des Gruppenzusammenhalts (Kohärenz oder auch „team building") und damit die Vermittlung und Vertiefung von Sozialkompetenzen, wie Kooperationsbereitschaft, gegenseitiges Respektieren und Zuhören, Fähigkeit zur Selbstreflektion wie auch zum Feedbackgeben und mehr

Damit umfassen Gruppenarbeiten sowohl offene Ziele (Herstellung eines bestimmten Ergebnisses) und verdeckte Ziele (Zusammenwachsen zu einem Team, Einüben von Sozialkompetenzen).

Dabei macht man sich einige Eigenheiten von Gruppen zunutze, nämlich:

- Die gegenseitige Inspiration bei der Problemanalyse und Problemlösung
- Das gegenseitige Anstacheln zu einer höheren, besseren Leistung, auch durch gegenseitige Checks und Qualitäts- bzw. Terminkontrollen
- Die Bewältigung einer größeren Arbeitsmenge, da der Gesamtumfang in einzelne Arbeitspakete zerlegt werden kann

© Springer Fachmedien Wiesbaden 2016

S. Hillebrecht, *Gruppenarbeiten vorbereiten und moderieren*, essentials,

DOI 10.1007/978-3-658-12089-4_1

- Wobei sich die einzelnen Mitglieder einer Arbeitsgruppe mit ihren einzelnen Kompetenzen und Wissensvorsprüngen ergänzen können, aber auch mit sozialen Ansprüchen (Dominanz, Beachtung, etc.) gegenseitig behindern können

Wenn Sie also einen Auftrag erhalten, in einer Arbeitsgruppe eine bestimmte Aufgabe zu lösen, haben Sie stets sowohl inhaltliche auch soziale Aspekte zu beachten.

Typische Aufgaben für Gruppen

Als typische Aufgaben für Gruppen gelten Projektarbeiten, bei denen es jeweils einen vorgebebenen Anfangs- und Endzeitpunkt und ein mehr oder weniger präzise vorgegebenes inhaltliches Ziel gibt. In Unternehmen und Nonprofit-Organisationen können z. B. Gruppenaufgaben sein:

- Entwicklung eines neuen Produkts
- Erarbeitung eines Markteintritt-Konzeptes für ein anderes Land
- Entwicklung eines Fundraising-Konzepts

In der Hochschularbeit wird man häufig Projekte finden, wie z. B.

- Durchführung einer Sozialforschung (Befragung von x Personen zum Thema y)
- Entwicklung eines Marketingkonzepts für ein fiktives oder reales Produkt
- Entwicklung eines Controlling-Systems für ein Beispielunternehmen
- Erstellung eines Imagefilms für eine örtliche Wohlfahrtseinrichtung
- Aber auch „einfachere" Aufgaben wie eine Ausarbeitung und/oder Präsentation zu einem bestimmten Thema

Allen Beispielen gemein ist:

- Eine konkrete Aufgabenstellung
- Ein vorgegebenes Ziel (Präsentation, Konzept, …),
- das zu einem bestimmten Zeitpunkt zu erreichen ist (z. B. letzte Woche im Semester)
- und von einer klar bestimmten Personengruppe zu bearbeiten ist

© Springer Fachmedien Wiesbaden 2016

S. Hillebrecht, *Gruppenarbeiten vorbereiten und moderieren*, essentials,

DOI 10.1007/978-3-658-12089-4_2

Von daher sind Projektaufgaben entsprechend zu strukturieren und im Verlauf mit einem Controlling-System zu hinterlegen. Dazu zählt:

- Ein Projektstrukturplan (welche Arbeitspakete bzw. -schritte müssen bewältigt werden?)
- Ein Projektzeitplan (welcher Arbeitsschritt ist bis wann zu erledigen?)
- Verantwortlichkeiten (wer ist verantwortlich für einzelne Arbeitsschritte), wobei mindestens eine Gruppenleitung als ständiger Ansprechpartner für alle Beteiligten und Auftraggeber genannt werden sollte; bei bestimmten Arbeitsschritten wie Besprechungen und Moderation können weitere Rollen (z. B. Protokollführung, Zeitnehmer etc.) hinzu kommen
- Zugewiesene Ressourcen (Geld, Zeitumfang, Sachmittel, …)

Einfache Projektpläne können in Balken- oder Gant-Diagrammen erstellt werden. Komplexere Projektpläne werden meist in Form von Netzplänen unter Zuhilfenahme geeigneter Software-Lösungen (z. B. MS-Project) dargestellt.

3.1 Die Formen von Besprechungen

Es gibt verschieden Formen von Besprechungen (vgl. Hillebrecht 2004). Insbesondere kennen wir:

- *Arbeitsbesprechungen* (auch Meetings, Sitzungen): ein *persönliches* Zusammentreffen von zwei oder mehr Personen, um Inhalte abzustimmen, Vereinbarungen zu treffen, sollten mit klarem Arbeitsauftrag und klarer Zeitstruktur erfolgen
- *Konferenz*: Zusammentreffen einer größeren Anzahl an Personen, um bestimmte Themen in einer Plenumsveranstaltung grundsätzlich zu erörtern (durch Impulsvorträge) und ggf. in Gruppen zu vertiefen
- *Workshop*: Zusammentreffen einer kleineren bis mittelgroßen Gruppen zur Bearbeitung von Konflikten, Problemen etc., mit klarem Arbeitsauftrag und klarer Zeitstruktur
- *Open Space, Zukunftskonferenz* etc.: Methoden, um in Großgruppen in ähnlicher Form zu arbeiten wie in einem Workshop, wobei sehr viel Arbeit in Untergruppen geschieht und nur grundsätzliche Themen (Eröffnung/Problematisierung, Feedback) im Plenum stattfindet mit klarem Arbeitsauftrag und klarer Zeitstruktur
- *Gremien*: Arbeitsgruppen, die nach einer festen Vorgabe mit bestimmten Arbeits- und Entscheidungsaufträgen berufen wurden

Entsprechend der Form gibt es also auch genau definierte Arbeitsaufträge, und dazu passend müssen die Teilnehmer auch geeignete Rollen einnehmen. Zudem wird man je nach Ablaufphase einer Besprechung auf verschiedene Aspekte achten.

© Springer Fachmedien Wiesbaden 2016
S. Hillebrecht, *Gruppenarbeiten vorbereiten und moderieren*, essentials,
DOI 10.1007/978-3-658-12089-4_3

3.2   Die Rollen in einer Besprechung

Entsprechend der Hinweise in Kap. 2 zu den Verantwortlichkeiten sollte man für Besprechungen folgende Rollen definieren:

- *Sitzungsleiter/in*: hat Prozesshoheit (muss also für einen funktionierenden Ablauf der Besprechung sorgen), lädt in der Regel zur Sitzung ein und koordiniert die Beiträge, damit diese Rolle ausgefüllt werden kann, sollte er/sie sich mit fachlichen/inhaltlichen Beiträgen zurück halten oder den „Rollenwechsel" kenntlich machen, z. B. durch mündliche Hinweise („ich rede jetzt mal als Teilnehmer/in"), die Sitzungsleitung sollte auch immer den Projektplan zur Hand haben, um ggf. entsprechende Hinweise zu geben
- *Protokollant/in*: schreibt die wesentlichen Ergebnisse (als Stichwortprotokoll oder Ergebnis-/Verlaufsprotokoll) mit und assistiert dem Sitzungsleiter – die Aufgabe der Rolle lautet Dokumentation
- *Teilnehmer/innen*: nehmen an den Besprechungen teil, diskutieren die Inhalte, kommen zu Entscheidungen (über formale oder verbale Abstimmungen, Festlegungen zum weiteren Ablauf, Vergabe und Übernahme von Arbeitsaufträgen), mit der Aufgabe, Inhalte beizusteuern und Ergebnisse zu liefern
- *Externe Beiträger/innen* bzw. Referent(inn)en: sie beteiligen sich mit hervorgehobenen inhaltlichen Beiträgen („Impulsen") und haben die Aufgabe, einen Input zu liefern, den die Besprechungsgruppe zur weiteren Arbeit verwenden kann.

Die Sitzungsleitung achtet vor allem darauf, dass jeder die ihm zugewiesene Rolle wahrnimmt und entsprechend der Aufgabenstellung zum Erfolg der Besprechung beiträgt. Damit wird die Sitzungsleitung ihrer Aufgabe als Prozessleitung gerecht. Dies fängt damit an, dass die Rollen in der Einladung, spätestens aber zu Beginn der Sitzung klar kommuniziert („Hanna ist Sitzungsleiterin, Hans führt das Protokoll") und von den Rolleninhabern auch entsprechend wahrgenommen werden. Dies gehört zur übergeordneten Aufgabe der Vorbereitung und Durchführung der Besprechung.

3.3   Die Gestaltung von Besprechungen

Besprechungen folgen einer einfachen Grundstruktur in verschiedenen Schritten. Diese umfassen die Vorarbeit, die eigentliche Durchführung und einer Nacharbeit (siehe auch Hillebrecht 2004).

3.3.1   Die Vorarbeit – Erstellen einer Tagesordnung

Die Vorarbeit dient der Architektur einer Besprechung und dem Management der Teilnahme. Sie umfasst:

- Die Abstimmung der Beiträge: Welche Ziele werden damit verfolgt, welche Inhalte werden konkret angestrebt, welche Dauer ist dafür erforderlich und wer soll dies übernehmen?
- Die Umsetzung von Zielen und Beiträgen in eine klare Tagesordnung
- Den rechtzeitigen Versand der Einladungen, am besten 7–14 Tage vorab
- Ggf. eine Raum- und Technikreservierung
- Und zur Absicherung der Teilnahme ein Feedback der Eingeladenen, in Form einer Teilnahmebestätigung oder –absage, mit einer Fristvorgabe verbunden (z. B. innerhalb von 3 Tagen)

Auf dieser Basis kann man eine Einladung zur Besprechung verschicken, aus der die Teilnehmer genau entnehmen können, was sie erwartet und warum sie teilnehmen sollen.

Es gibt drei wichtige Merksätze für die Bildung einer Agenda:

- Lieber weniger Punkte auf der Agenda, die wirklich behandelt werden können, als viele Punkte, die nur angerissen und anschließend vertagt werden
- Die wichtigen Punkte nach vorne, entsprechend ihrer Priorität, damit sie wirklich behandelt werden können; wobei manche klugen Strategen erst einmal einen einfachen Punkt auf die Agenda setzen, der erfolgreich behandelt werden kann, um den Teilnehmern ein Erfolgserlebnis zu verschaffen; anschließend können auch strittigere Punkte leichter angegangen werden
- Jeden Punkt mit einem Zeitbudget ausweisen, um den Teilnehmern die Bedeutung des Punktes zu signalisieren, und um bei ausufernden Diskussionen eine Handhabe zur Steuerung der Diskussion zu haben („dieser Punkt ist mit 30 min ausgewiesen – wir sollten den Punkt langsam abschließen, oder ist er aus Ihrer Sicht so eminent wichtig, dass wir den Zeitplan zu Lasten anderer Punkte verändern sollen?"), womit die Gruppe die Verantwortung für das Einhalten bzw. Überschreiten des Zeitplanes hat, und nicht Sie als Sitzungsleiter

Diese Agenda lässt sich in eine entsprechende Tischvorlage umsetzen, die am besten fünf bis sieben Tage vorab den Teilnehmern zugeleitet wird, spätestens aber zur Besprechung auf dem Tisch liegen sollte.

3.3.2 Erster Schritt: die Orientierung

Nach der Eröffnung einer Besprechung, unter Bezug auf die Tagesordnung und ggf. mit dem Hinweis auf eine Teilnehmerliste oder auf Protokolle vorher gehender Sitzungen, wird man auf die anstehenden Arbeitsinhalte verweisen. Zu jedem Arbeitsinhalt werden alle Teilnehmer nochmals vom Sitzungsleiter auf einen einheitlichen Informationsstand gebracht, der Grundfunktion der Orientierung. Sie kann bestehen aus:

- Der Benennung des Arbeitsziels (z. B. Vorgaben von Vorgesetzten, gemeinsame Vereinbarung in einer vorher gehenden Sitzung)
- (Impuls-)Vorträge, die bestimmte Inhalte aufgreifen und/oder vertiefen
- schriftliche Vorlagen und dergleichen mehr, als Zusammenstellung wichtiger Informationen

Die Orientierungsphase sollte maximal 30 min Dauer umfassen und die entscheidenden Fakten für die nachfolgende Arbeitsphase umreißen. In Ausnahmefällen wie z. B. bei grundlegenden Themen, die von externen Referenten vorgestellt werden, kann sie bis zu 60 min dauern, was aber die Aufnahmefähigkeit und Geduld der Teilnehmer durchaus überfordern kann.

Als Grundregel gilt: je länger eine Information dauert, desto wichtiger werden begleitende Medien, z. B. Handreichungen oder Tageslichtfolien. Handreichungen sollten sich wie angeführt auf eine Seite Umfang beschränken, wenn nach der Information eine Bearbeitung vorgesehen ist. Das ist der Umfang, der sich problemlos in kurzer Zeit auswerten und bearbeiten lässt. Wer einen Folienvortrag auch als Papierkopie austeilen möchte, ist gut beraten, dies erst nach seinem Vortrag anzubieten. Damit vermeidet man neugieriges Vorblättern und das damit verbundene Rascheln und Ablenken.

In der Orientierungsphase liegt die inhaltliche Verantwortung bei den Referenten, die ihren Beitrag vorab mit der Sitzungsleitung abgesprochen haben. Die Sitzungsleitung achtet auf die Einhaltung des Zeitrahmens und nimmt als Anwalt der Zuhörer/innen Verständnisfragen auf, sollte sich aber als neutrale Person verstehen und inhaltliche Zuspitzungen oder Veränderungen zunächst einmal vermeiden.

Wichtig: Die Orientierung beinhaltet zunächst keine weiteren Schritte! Eine Bearbeitung oder gar Entscheidung sollte klar davon abgetrennt werden. Eine Diskussion oder anderweitige Bearbeitung beginnt folglich erst nach der Information. Die Orientierung ermöglicht es, zunächst einmal das Ziel zu bestimmen und davon abgesondert die inhaltlichen Schritte zu verhandeln. Eine Durchmischung führt oft dazu, dass man sich vor der eindeutigen Zielklärung bereits in Problemanalysen und/oder Lösungsmöglichkeiten verliert. Damit lenkt man von Lösungsmöglichkeiten ab oder steuert gar Ziele an, die ursprünglich nicht beabsichtigt waren. Zugegebenermaßen beabsichtigen versierte Taktierer und Machtpolitiker genau das mit ihren Störmanövern …

3.3.3   Zweiter Schritt: Die Bearbeitung

Mit den verschiedenen Methoden der Bearbeitung greifen die Gremienmitglieder ein Problem auf, analysieren es und entwickeln es weiter. Dazu zählen v. a.:

- gemeinsame Diskussionen
- Einzel- und Partnerarbeiten
- Kreativitätstechniken, wie Mind-Mapping oder Brainstorming (siehe auch Sikora 2001; Meyerhoff und Brühl 2004, S. 102 ff.; Vorlagen zu einer Mind-Map lassen sich mit diesem Suchbegriff im Internet leicht finden)

Die Bearbeitung ermöglicht erst den dritten Schritt, eine Entscheidung über das weitere Vorgehen. Bearbeitungsphasen werden auf höchstens 45–60 min Dauer angelegt, abhängig vom Arbeitsziel (mehr Zeit erbringt kaum noch zusätzliche oder neue Argumente und Ansichten!)

Das Ziel sollte bereits vorab in der Tagesordnung, spätestens aber zum Aufruf des Tagesordnungspunktes definiert werden, z. B. „Ideensammlung zum neuen Verlagsprogramm", oder „Beschluss über die Besetzung einer freien Stelle in der Vertriebsleitung", um der Bearbeitung einen Rahmen vorzugeben. Auch prinzipiell ergebnisoffene Aufträge wie das Beispiel des neuen Verlagsprogramms bekommen so eine Zielrichtung, auf die sich alle Teilnehmer hinbewegen können.

Die Bearbeitungsphase lebt von der Dynamik der einzelnen Wortbeiträge und bewirkt bei kluger Diskussionsleitung, dass sich die Beteiligten mit dem Ergebnis einer Diskussion identifizieren können. Ein Merkmal guter Diskussion ist daher die möglichst umfangreiche Beteiligung aller Teilnehmer. Gerade in größeren Arbeitsgruppen ziehen sich aber einzelne Mitglieder schnell zurück, wenn sie das Gefühl haben, durch Meinungsführer dominiert zu werden. Von daher werden kluge Sitzungsleiter immer wieder auf die Erstellung eines Meinungsbildes zu Beginn einer Sitzung Wert legen, um möglichst viele Teilnehmer zu aktivieren! Dessen Ergebnisse werden für alle sichtbar aufgehängt. Passive Mitglieder können von der Diskussionsleitung direkt angesprochen und so immer wieder einbezogen werden

(„Was haben Sie mit…. gemeint?"/„Finden Sie Ihre Position von vorhin hier wieder?"). Wenn sich jemand trotz direkter Ansprache nicht weiter einbringen möchte, ist das die freie Entscheidung der jeweiligen Teilnehmer, und die Sitzungsleitung wurde ihren Aufgaben angemessen gerecht.

Eine Herausforderung für die Sitzungsleitung sind so genannte „Vielredner", die man selbst mit allzu rigiden Regeln kaum einfängt. Von daher liegt es in solchen Fällen nahe, alle Beiträge in Stichwortform auf einem Flip-Chart oder einer Pin-Wand zu dokumentierten. Vielredner, die nichts Neues beitragen, können mit dieser optischen Dokumentation schnell zur Ordnung gerufen werden („Ist dies ein zusätzliches Argument, zu den bereits hier aufgeführten?"; „Hat dies mit der hier vorliegenden Frage etwas zu tun, oder betrifft dies eine neue Frage? Und wenn ja, nehmen wir es dann nicht besser in den Themenspeicher für eine weitere Sitzung?").

Komplexe Fragen werden bei Bedarf von der Sitzungsleitung in Teilaspekte zerlegt, wobei man aus einer Arbeitsgruppe ggf. Untergruppen mit maximal fünf Personen bildet. Diese Arbeitsgruppen erhalten den Auftrag zur Bearbeitung der Teilaspekte, um eine entscheidungsreife Vorlage in die Gruppe zurück zu bringen.

Kleingruppenarbeiten sind auf eine sinnvolle Arbeitszeit zu begrenzen. Meist können Kleingruppen während einer Besprechung innerhalb von 30–45 min tragfähige Ergebnisse erzielen. Arbeitet die Untergruppe zwischen zwei Sitzungen, sollte der Zeitraum zwischen der Auftragsvergabe und der Präsentation der Arbeitsergebnisse drei, maximal vier Wochen Bearbeitungszeit bis zur Rückmeldung nicht überschreiten. Sonst entschwindet den Gremienmitgliedern der Hintergrund für die Kleingruppenarbeit.

3.3.4 Dritter Schritt: Die Entscheidung

Entscheidungen bilden den Abschluss einer Arbeitseinheit. Diese können auftreten als:

- Verfahrensentscheidungen („Wer übernimmt die Leitung in diesem Projekt? Wer arbeitet mit im Projektteam"?), damit sichert die Arbeitsgruppe die Fortführung eines Themas über die Sitzung hinaus, womit ein Arbeitsprozess vorerst beendet wird und der nächste Tagesordnungspunkt aufgerufen werden kann
- Inhaltsentscheidungen („Stimmen wir zu?/Nehmen wir das so an?"), als Abschluss eines Arbeitsprozesses und zur Bestätigung oder Ablehnung eines bestimmten Sachverhaltes, um so zum nächsten Arbeitspunkt überleiten zu können

Alternative 1: Cover mit Foto	Alternative 2: Cover mit Zeichnung	Alternative 3: Cover mit reiner Wort-Darstellung	Alternative 4: Cover mit Foto und integrierter Grafik

Abb. 3.1 Beispiel für eine vorbereitete Klebepunkt-Entscheidung. (Quelle: eigene Erstellung)

Beides Mal behandelt die Arbeitsgruppe ein bekanntes Problem, da hierzu die Fakten und möglichen Konsequenzen nach der Arbeitsphase auf dem Tisch liegen. Die Entscheidung signalisiert, dass dieser Punkt bearbeitet ist. Nach der Entscheidung kann sich die Arbeitsgruppe dem nächsten Tagesordnungspunkt widmen. Eine Entscheidung ist also nicht nur ein formaler, sondern auch ein symbolischer Akt.

Ergeben sich aufgrund einer Verfahrensentscheidung Arbeitsaufträge, sind diese klar im Protokoll festzuhalten, und zwar mit einer genauen Auftragsbeschreibung, den Beauftragten und dem vereinbarten Zeithorizont („Wer macht was bis wann?"). Damit können Sitzungsleitung und Arbeitsgruppe die Erfüllung des Arbeitsauftrages überwachen. Die Entscheidung kann in verschiedenen Formen erfolgen:

- verbal („Stimme zu/Lehne ab"), oft im Verfahren „reihum" gewählt, um jeden einzelnen Teilnehmer ansprechen zu können
- per Handzeichen, die am meisten genutzte Form, bei der eine eindeutige Äußerung mit einem schnellen Ablauf kombiniert wird
- mit Stimmzettel, als „geheime Wahl" bei sensiblen Themen sinnvoll, aber auch sehr aufwändig
- mit „Klebepunkten": Eine Entscheidungssituation wird auf Flip-Chart-Papier oder auf einer Pin-Wand dargestellt (siehe Abb. 3.1). Die Teilnehmerinnen und Teilnehmer erhalten Klebepunkte und können durch das Aufkleben von Punkten ihre Meinung äußern. Ggf. kann man drei oder maximal vier Klebepunkte pro Teilnehmer vergeben und dabei ein sog. „Kumulieren" erlauben, d. h. ein Häufeln von zwei oder drei Punkten auf eine bestimmte Alternative. Diese Alternative bietet sich immer dann an, wenn man Bewegung in eine etwas größere Gruppe (ab ca. 7 Personen) bringen möchte und den Teilnehmern auch ermöglichen möchte, ihre Sympathien durch unterschiedliche Punktevergaben zu äußern.

Ein Hinweis zum Thema „Enthaltungen". Sofern keine Interessenskollision gegeben ist (z. B. bei der Wahl zu Funktionen), sollte man Enthaltungen vermeiden. Sie zeigen, dass der Teilnehmer keinen ausreichenden Informationsstand für eine Entscheidung hat oder keine Verantwortung übernehmen möchte. In bestimmten Höflichkeitsformen können (vor allem bei Wahlen und ähnlicher persönlicher Betroffenheit) Enthaltungen auch das höflich gemeinte Signal sein, sich selbst nicht zu sehr in den Vordergrund spielen zu wollen. Von diesen Fällen abgesehen: In der effektiven Wirkung kommen Enthaltungen in den meisten Fällen einer Ablehnung nahe, ohne dass sich die Person entsprechend deutlich positioniert. Auf alle Fälle sollte man vor der ersten inhaltlichen Diskussion darauf verweisen, dass über kurz oder lang auch Entscheidungen anstehen. Dabei kann man kurz auf das Phänomen „Enthaltung" verweisen und dann prophylaktisch vereinbaren, wie man mit Enthaltungen umgehen will, z. B.:

- Enthaltungen gelten als eigenständige Entscheidung, wobei sich die Frage stellt, wie man dies interpretieren darf
- Enthaltungen werden nicht gezählt, damit ist diese Stimme „verschenkt", und es gelten allein Zustimmungen und Ablehnungen
- Enthaltungen werden als „Nicht-Zustimmung" gewertet, d. h. wenn die Summe aus Ablehnung und Enthaltung die Zustimmungen übersteigt, gilt dieser Vorschlag als abgelehnt

Eine eigene Erfahrung: Wenn die gesamte Gruppe in der relativ unbefangenen Anfangsphase Enthaltungen einvernehmlich als versteckte Ablehnung interpretiert, wird dies ein sehr wirksames Instrument bei späteren Meinungsbildungen sein.

3.3.5 Die Entscheidungsmatrix

Komplexere Sachverhalte können in Form einer Entscheidungsmatrix zur Entscheidung gebracht werden. Als Beispiel dient die Möglichkeit, eine bestimmte Dienstreise mit verschiedenen Fortbewegungsmitteln durchzuführen und am Zielort auch in unterschiedlich teuren Hotels zu übernachten. Konkret geht es um eine Dienstreise von München nach Hamburg zu einem Kundentermin, der von 9.00 Uhr bis 18 Uhr angesetzt ist (Abb. 3.2).

Je nachdem, ob in der Gruppe sich die Vorgabe „kostengünstig" oder „schnell" oder „praktisch/komfortabel" oder auch eine andere Vorgabe durchsetzen wird, kann man anhand dieser Aufstellung relativ schnell eine der sieben denkbaren Al-

	Fahrt mit PKW	Fahrt mit Eisenbahn	Flug
	Eine Strecke 800 km = 6,5 Stunden (d.h. Anfahrt am Vorabend) Aufwand ca. 400 Euro hin und zurück	Eine Strecke 800 km = 5,5 Stunden (d.h. Anfahrt am Vorabend) Aufwand ca. 350 Euro hin und zurück	Eine Strecke 800 km = 3 Stunden (d.h. keine Übernachtung notwendig!) Aufwand ca. 450 für Flug plus 50 Euro für
		plus Taxi vom Bahnhof zum Hotel, vom Hotel zum Kunden, vom Kunden zum Bahnhof	Taxi Flughafen- Kunde und zurück
3*-Hotel: 150 Euro Im Zentrum (5 km vom Kunden)	400 plus 150 = 550 Euro gesamt	350 plus 150 Euro plus 50 Euro = 550 Euro	450 plus 50 Taxi, kein Hotel =500 Euro
4*-Hotel: 180 Euro Am Stadtrand (10 km vom Kunden)	400 plus 180 = 580 Euro	350 plus 180 Euro plus 80 Euro = 610 Euro	450 plus 50 Taxi, kein Hotel =500 Euro
5*-Hotel: 250 Euro außerhalb (20 km vom Kunden)	400 plus 250 = 650 Euro	350 plus 250 Euro plus 100 Euro = 700 Euro	450 plus 50 Taxi, kein Hotel =500 Euro
Zusätzliche Aspekte	Mitnahme von viel Material, höhere Flexibilität am Zielort, kein Taxi erforderlich	Entspanntes Fahren, Fahrzeit kann für Arbeiten genutzt werden	Schnell, am gleichen Tag, daher keine Übernachtung notwendig

Abb. 3.2 Entscheidungsmatrix zur Gestaltung einer Dienstreise. (Quelle: eigene Erstellung)

ternativen auswählen – man hat alle Argumente auf dem Tisch. Die Kunst einer derartigen Entscheidungsmatrix ist also die, alle relevanten Argumente so zu strukturieren, dass sie sich leicht erkennbar verarbeiten lassen.

3.3.6   Begleitende Spielregeln

Eine reibungsarme Gruppenarbeit basiert auf Spielregeln, die von Anfang an gelten und möglichst partnerschaftlich vereinbart werden. Zu diesen Spielregeln gehören

Grundsätze wie „Wir reden offen" oder „Wir lassen einander ausreden", aber auch „Wir kommen pünktlich" (siehe auch Meyerhoff und Brühl 2004, S. 43 ff.). Diese Spielregeln ermöglichen es dem Sitzungsleiter, auf Störungen im Ablauf schnell zu reagieren und notfalls die Gruppe in die Pflicht zu nehmen. Insbesondere der Punkt „Wir kommen pünktlich" ist wesentlich. Wer auf Zuspätkommer wartet, vergeudet die Zeit derjenigen, die pünktlich erscheinen, und signalisiert damit, dass manche mehr Rechte besitzen als andere. Natürlich kann es immer vorkommen, dass es gute Gründe für eine Verspätung gibt. Hier sind aber die Verspäteten in der Pflicht, das Versäumte auf geeignetem Weg nachzuholen bzw. in Erfahrung zu bringen. Höfliche Menschen sehen dies sofort ein, und weniger höfliche Menschen müssen damit leben, dass die Gemeinschaft hier eine klare Regel aufgestellt hat.

Zur Vereinbarung von Spielregeln kann man die konstituierende Sitzung eines Gremiums nutzen. Als Sitzungsleitung bzw. Moderator/in kann man dazu zu Beginn der gemeinsamen Arbeit einen Vorschlag unterbreiten, wie er z. B. in Anhang 3 ausgearbeitet ist. Zur Vereinbarung reicht es, wenn die vorgeschlagenen Regeln offen ausgehängt werden (z. B. auf einem Flip-Chart) und man sich dazu die Zustimmung verbal einholt, wobei man auch Ergänzungsvorschläge aufnehmen kann, die von allen mitgetragen werden. Nota bene: Weniger ist mehr, lieber wenige, gut durchdachte Regeln, als viele, die sich gegenseitig widersprechen oder durch eine Überregulierung eine kreative Arbeit und wichtige Gruppenprozesse behindern.

Für alle weiteren Sitzungen lassen sich die Spielregeln offen aufhängen, um so im Notfall darauf verweisen zu können. Besonders hilfreich ist eine Vereinbarung wie „Wir halten uns an die verabredeten/geplanten Zeiten", um ausufernde Diskussionen mit der Wiederholung von bekannten Inhalten abzubremsen. Arbeitet eine Gruppe konfliktarm, kann relativ schnell auf das Aushängen verzichtet werden.

Arbeitet ein Gremium schon längere Zeit ohne diese vorab vereinbarten Regeln, wird es schwieriger, sie noch nachträglich einzuführen. Dies geht meistens nur über eine Sondersitzung, bei der bisher aufgetauchte Probleme behandelt und mit einvernehmlichen Regeln beantwortet werden. Hierzu ist es hilfreich, jemand als externen Moderator dazu zu bitten, da die Sitzungsleitung möglicherweise nicht mehr als neutrale Instanz zur Steuerung des Prozesses anerkannt wird.

3.3.7 Die Behandlung von Störungen in Besprechungen

Störungen in Besprechungen sind relativ häufig. Jemand kommt zu spät, hat etwas falsch verstanden oder kämpft aus mehr oder weniger plausiblen Gründen sehr konträr für ein bestimmtes Ziel. Auch persönliche Antipathien können für einen Konflikt sorgen. In der Rolle der Sitzungsleitung ist es Ihre Aufgabe, Konflikte

Quellen der Störung	Bewältigung der Störung
Undiszipliniertheiten wie - zu spät kommen - zwischenzeitlic hes Verlassen des Raumes - Zwischengespräche ⇔ Langeweile - dazwischen reden in Diskussionen	Einführen von festen Spielregeln und konsequentes Befolgen: - wir sind pünktlich - wir hören einander zu (mit fester Rednerliste) ergänzend Ansprechen der „Dauerredner"
Rollenverständnis: „Beteiligter" oder „Unbeteiligter"	Aktivierung möglichst aller Teilnehmer, z.B. durch Abfragen, Kreativitätstechniken
Divergenz zwischen „Fühlen" und „Wissen"	Raum lassen für Gefühle, aber mit Argumenten abfangen, notfalls in die Gruppe spiegeln
Machtkämpfe	Aufschreiben der Argumente, Abstimmung und damit Entscheidung in der Gruppe über die Berechtigung
Ratlosigkeit	Vertagen (ggf. auf Termin mit Experten) oder Kreativitätstechniken einsetzen, notfalls Abbruch der gemeinsamen Arbeit ankündigen (dies sollte aber nur als allerletzte Alternative in Betracht kommen)
Abschweifende Diskussionen	Die dringlichsten TOPs bereits bei Aufstellung der Agendanach vorne setzen, zu denen unbedingt eine Entscheidung erforderlich ist Ggf. Argumente visualisieren und bei Wiederholung eines Arguments diese Wiederholung thematisieren („Sie haben diesen Punkt jetzt nach meiner Zählung dreimal aufgebracht, er scheint Ihnen besonders wichtig zu sein"), anschließend die Gruppe fragen, ob es hierzu noch Gesprächsbedarf gibt („Ich frage jetzt alle: Wollen wir das hier in der Gruppe vertiefen, oder soll dieser Punkt zu einem anderen Zeitpunkt aufgegriffen werden?")
Aggressionen zwischen Teilnehmern	Andere Teilnehmer involvieren („Wie sehen Sie das? Soll das hier verhandelt werden?") – wichtiger Hinweis: Wenn man als Sitzungsleiter selbst in die Konfrontation einsteigt, gibt man die eigene Neutralität auf und wird Partei; zudem weiß man nicht, wie die gesamte Gruppe hinter einem steht – von daher ist die Weiterleitung in die Gruppe taktisch klüger

Abb. 3.3 Störungsquellen und deren Bewältigung. (Quelle: eigene Erstellung in Anlehnung an Kellner 2000, S. 53 ff.)

kurz aufzugreifen und auf Lösbarkeit zu prüfen. Ist der Konflikt nicht in angemessener Zeit aufzulösen, werden Sie den Kontrahenten die Grenzen aufzeigen müssen, um nicht die ganze Arbeitsgruppe als Geisel des Konfliktes zweier Kontrahenten zu nehmen. Dies kann durch die Bitte geschehen, den Konflikt zunächst einmal zurück zu stellen und an anderer Stelle aufzugreifen. Es kann aber auch angeraten sein, die beiden Kontrahenten nach einem Meinungsbild in der Gruppe vor die Tür zu schicken mit der Bitte, dort den Konflikt auszutragen und anschließend wieder in der Gruppe zu erscheinen.

Als Erste-Hilfe-Instrumentarium geht Abb. 3.3 auf typische Konfliktmuster stichwortartig ein und schlägt mögliche Verhaltensweisen vor. Mit etwas Lebenserfahrung wird man diese Muster später geeignet variieren und erweitern können.

Wie bereits angeführt, wird man je nach Erfahrung dieses Set an Handlungsmöglichkeiten weiter ausbauen und variieren.

3.3.8   Die Protokollierung

Sitzungen sind Arbeitstreffen einer Arbeitsgruppe. Damit die Arbeitsgruppe sich noch später erinnert, was sie geleistet hat, aber auch um ggf. Außenstehende über die Arbeitsergebnisse informieren zu können, wird regelmäßig ein Protokoll erstellt. Daraus ergibt sich als Funktion eines Protokolls:

- die Dokumentation der Besprechung für Teilnehmer und ggf. Externe (z. B. Vorgesetzte; besonders relevant bei Haftungsfragen von Organen wie z. B. Aufsichtsräten und Geschäftsführungen/Vorständen!)
- die Ergebnissicherung

Auch im wissenschaftlichen Bereich (bei Lehrveranstaltungen ebenso wie bei wissenschaftlichen Konferenzen) können Protokolle einen wichtigen Dienst leisten. Von daher stellt sich die Frage, wie diese Funktion sichergestellt wird. Dazu dienen je nach Anforderung zwei Arten von Protokollen:

- das *Ergebnisprotokoll*, das die die relevanten Ergebnisse, Argumente etc. festhält, bei Abstimmungen auch das Abstimmungsergebnis; als Vorteil gilt der knappe, schnell erfassbare Umfang, da nur wesentliche Informationen enthalten sind; eine Sonderform hierzu kann ein „Fotoprotokoll" sein, zu dem man mit einer Digitalkamera alle erstellten Materialien fotografiert und dann als EDV-Dokument den Teilnehmern zustellt; ergänzend hält man in der begleitenden Mail die äußeren Rahmendaten (Ort, Datum, Zeit, Teilnehmer) fest;
- das *Verlaufsprotokoll* (auch „Parlamentsprotokoll" oder „Konferenzprotokoll"), bei dem jeder Beitrag aufgezeichnet; für die Leser ist es damit leichter, den Verlauf nachzuvollziehen, der zu einem bestimmten Ergebnis führte. Das kann bei historischen Rekonstruktionen nützlich sein oder auch bei möglichen juristischen Auseinandersetzungen, weshalb gerade Sitzungen von Geschäftsführungen, Vorständen und Aufsichtsräten entsprechend dokumentiert werden.

Unabhängig von der Art wird jedes Protokoll nach ähnlichen formalen Gesichtspunkten gestaltet, nämlich mit Angaben zu:

- Termin (Datum, Uhrzeit, ggf. auch Ort)
- Anwesende und Entschuldigte
- Themen/Tagesordnung
- Ergebnisse, Konsequenzen/Veränderungen/Aufträge, Termine (wer macht was bis wann?)

- Unterschrift/Zeichen des Protokollanten und ggf. auch des Sitzungsleiters
- Ggf. Anhänge, z. B. verteilte Sitzungsunterlagen, Kopien von vorgestellten Folien

Nach der Erstellung des Protokolls ist es in geeigneter Form zu verteilen, entweder in dezentraler Form (jeder Teilnehmer erhält ein Exemplar, ggf. auch zusätzlich Externe) in Form einer Papier- oder E-Mail-Kopie oder als zentrale Bereithaltung, bei der das Protokoll an zentraler Stelle (Archiv, Server) zur Einsicht bereit gehalten wird und damit allen Interessierten zur Verfügung steht. Die Art wird man je nach Bedarf und Interessentenkreis wählen. Auf alle Fälle sollte das Protokoll möglichst innerhalb von 7, spätestens jedoch nach 14 Tagen bereit stehen, da sonst nachlassende Erinnerung einsetzt und auch nachlassende „Verpflichtung" auf die vereinbarten Aufträge.

In vielen beruflichen Anwendungsfällen hat es sich inzwischen eingebürgert, das Protokoll in der nächsten Sitzung auf Stimmigkeit zu prüfen („genehmigen"). Man kann jedoch Anmerkungen bereits vorher dem Sitzungsleiter und/oder Protokollanten zur Kenntnis geben. Dies wird dann auf alle Fälle in der nächsten gemeinsamen Sitzung zu behandeln sein. Und im Hinblick auf die möglichen Ergänzungen haben sich alte Sitzungshasen angewöhnt, ihre handschriftlichen Notizen zu einer Sitzung so lange aufzubewahren, bis das Sitzungsprotokoll von allen Teilnehmern und Betroffenen gebilligt wurde.

Die Moderationstechnik als Kommunikationsinstrument 4

Die in Kap. 4 gemachten Ausführungen basieren im Wesentlichen auf der moderatio-Methode® (siehe Seifert 1996, 1999), die der Autor im Rahmen verschiedener Schulungen kennen und in seiner beruflichen Anwendung schätzen lernte, weiter vertiefte und variierte. Von daher werden Interessierte an einer Vertiefung auf die entsprechenden Handbücher von Josef W. Seifert verwiesen. Dem Autor ist bekannt, dass es auch andere, durchaus achtbare Moderationsmethoden (z. B. Metaplan oder bei Hartmann et al. 2012) gibt, die – diese Wertung sei erlaubt – in ihren Vorgehensweisen gewisse Ähnlichkeiten zur beispielhaft vorgestellten Methode besitzen und von daher genauso erfolgreich angewendet werden können. Es ist einfach so, dass man der anfangs gelernten Methode lebenslang die Treue hält.

4.1 Was ist Moderation?

Nach Seifert (1999, S. 3 ff.) lassen sich drei Formen von Moderation definieren:

1. Die Unterhaltungs-Moderation (oft im Radio oder im Fernsehen erlebbar, bei Formaten wie „Wetten, dass…!?", „Die ultimative Chart-Show"); hierbei wird der Moderator die vorzustellenden Hauptpersonen mit einigen mehr oder wenigen launigen Bemerkungen zu Äußerungen bewegen und vor allem dem Publikum eine unterhaltsame Veranstaltung ermöglichen
2. Die journalistische Moderation (z. B. im Fernsehen bei Diskussionsrunden wie „hart aber fair"/Frank Plasberg, „Maybrit Illner" und „Anne Will", oder bei Podiums-Diskussionen), bei der die Moderation durch gezielte Fragen und ggf. auch durch Zuspitzungen die Podiums-Teilnehmer zu einer inhaltlich weiterführenden Diskussion bringen soll, so dass die zuschauenden Teilnehmer

© Springer Fachmedien Wiesbaden 2016
S. Hillebrecht, *Gruppenarbeiten vorbereiten und moderieren*, essentials,
DOI 10.1007/978-3-658-12089-4_4

weiterführende Gedanken erhalten und in ihrer Meinungsbildung unterstützt werden; bei Bedarf kann der Moderator auch aus der Zuschauerschaft Anfragen oder Voten aufnehmen

3. Die Besprechungs-Moderation, hierbei stellt Moderation die Philosophie bzw. Arbeitstechnik dar, Gruppen zusammen zu einem von der Gruppe „gewollten" Ergebnis zu führen. Im Endeffekt hat nicht ein Oberverantwortlicher ein Ergebnis verfügt, sondern die Gruppe selbst hat das Ergebnis herbeigeführt und steht dahinter.

Diese dritte Betrachtungsweise wird dem weiteren Verlauf zugrunde gelegt. Sie ist eine besondere Philosophie, weswegen zunächst auf das Selbstverständnis eines Besprechungs-Moderators einzugehen ist. Dabei ist nicht zuletzt die Größe der Arbeitsgruppe zu beachten. Wir unterscheiden:

- Kleinstgruppen-Moderation: in Gruppen bis ca. 6 Personen, bei denen der Moderator oft eine Doppelrolle ausfüllen muss, nämlich die der Teilnehmerrolle und der Moderationsrolle;
- Kleingruppen-Moderation: in Gruppen von ca. 6 bis ca. 25 Teilnehmern, in denen ein Moderator sich regelmäßig auf die Moderation zurück ziehen kann, und die aus Moderationssicht die optimale Gruppengröße darstellt;
- Großgruppen-Moderation, in Gruppen ab ca. 25 Teilnehmern, bei denen oftmals als erschwerende Rahmenbedingung hinzu kommt, dass der Moderator nicht mehr alle Teilnehmer gleichzeitig im Blick hat und zudem nicht jede Meinung gleichwertig und für alle anderen Teilnehmer transparent einbezogen werden kann (zur Arbeit in den verschiedenen Großgruppen wie z. B. Open Space, Zukunftskonferenz etc. siehe z. B. Nanz und Fritsche 2012)

In allen Gruppengrößen zeigt sich als besonderer Vorteil der Moderationsmethode, dass sie mehrere Funktionen miteinander verbindet, nämlich

- die Visualisierung von Ausgangsfragestellung, Vorgehensweise und Ergebnissen
- die Aktivierung der Teilnehmer
- die Dokumentation von erzielten Ergebnissen und Vereinbarungen, zur Weiterarbeit in den anschließenden Arbeitsgruppen

Moderation ist daher eine Methode, die man als essentiell für erfolgreiche und akzeptierte Teamarbeit ansetzen kann.

4.2   Das Selbstverständnis des Moderators

Mit der Übernahme der Rolle eines Moderators werden bestimmte Erwartungen und Aufgaben verbunden. Der Moderator wird sich in der Regel nicht inhaltlich einbringen, sondern durch gezielte Maßnahmen den Gruppenprozess steuern, damit die Gruppe zu einem Ergebnis kommt. Die Tätigkeit als Moderator/in beinhaltet also eine Prozesshoheit, nicht Inhaltshoheit, und ist damit auf Neutralität angewiesen, sofern nicht grobe Ungerechtigkeiten passieren. Sofern der Moderator inhaltliche Beiträge leistet, geschehen diese auf Anforderung aus der Gruppe heraus und dienen in der Regel nur der Steuerung, Beförderung, oder Bremsung des Moderationsprozesses. Keinesfalls darf der Moderator damit einen bestimmten Inhalt vorgeben!

Damit der Moderator diese Aufgaben erfüllen kann, wird er sich einen klaren Fahrplan (Zeitablauf und dazu nötige Arbeitsschritte) überlegen. Diesen Fahrplan wird er am Anfang einer Moderation für alle vorstellen und sich das Einverständnis der Gruppe abholen. Zum anderen wird der Moderator die Teilnehmer auf sinnvolle Spielregeln der Zusammenarbeit verpflichten und diese bei Bedarf auch einfordern.

Moderatoren lassen den Prozess ergebnisoffen (im definierten Rahmen) gelingen, wozu sie sich inhaltlich in der Regel zurück halten. Bei kleineren Arbeitsgruppen (meist unter 6–7 Teilnehmern) kann es aber sein, dass aus Wirtschaftlichkeitserwägungen kein gesonderter Moderator bestellt wird, so dass ein Teilnehmer auch die Rolle des Moderators ausübt. Diese „teilnehmende Moderation" muss bekannt und von den Teilnehmern akzeptiert sein. Hilfreich ist es, dazu geeignete symbolische Handlungen oder Zeichen einzusetzen, die der Gruppe zeigen, ob die ausgewählte Person als Moderator oder als Teilnehmer spricht, z. B. durch hinsetzen (wenn man als Teilnehmer spricht) und aufstehen (wenn man als Moderator arbeitet). Der Nebeneffekt ist, man nimmt sich selbst auch anders in die Pflicht, wenn man sich selbst durch diese Zeichen auf eine bestimmte Rolle festlegt.

4.3   Die Vorbereitung der Moderation

Die Vorbereitung auf die Moderation umfasst eine Auseinandersetzung mit den Inhalten und den Personen, die einen in der anstehenden Sitzung erwarten. Die inhaltliche Vorbereitung ist bei aller Neutralität der Moderation unverzichtbar. So kann der Moderator bestimmte Entwicklungen oder Problemlagen besser abschätzen oder in der konkreten Situation leichter einordnen. Vielleicht wird der Moderator auch um eine persönliche Einschätzung gebeten. Hierzu ist es dann analog zu den Ausführungen in Kap. 4.2. nahe liegend, sich bei einem persönlichen Statement symbolisch zu verändern, z. B. durch Hinsetzen oder Weglegen des Moderationsstiftes. Nach Beendigung des Statements kann man durch eine entsprechende symbolische Handlung wieder in die Moderationsrolle zurück wechseln. Sicherheitshalber wird man die Themenabsprache durch eigene Recherche noch vertiefen, um den aktuellen Diskussionsstand zu kennen.

Die inhaltliche Vorbereitung wird durch eine formale Vorbereitung ergänzt. Dazu definiert man eine klare Zielsetzung und eine Tagesordnung. Beides sollte zu Beginn der Moderation für alle sichtbar gemacht werden. Am leichtesten geht es z. B. durch die Bekanntgabe via Flip-Chart („Das ist unser Arbeitsziel, das sind unsere Themen – alle einverstanden?"), das dann nach Präsentation und der einvernehmlichen Billigung für alle sichtbar ausgehängt wird.

Ein weiterer interessanter Punkt ist die „soziale Vorbereitung". Beschäftigen Sie sich mit dem Teilnehmerkreis: Wer kommt, und mit welchen Voraussetzungen und Erwartungen? Wird man besondere Widerstände erwarten oder eher eine konstruktive Mitwirkung?

Diese Überlegungen überführt man in die methodische Vorbereitung, mit

- der Erstellung eines Moderationsplanes: Zeitplan, Arbeitsschritte, besondere Inhalte
- der organisatorischen Vorbereitung: die Bereitstellung von Raum, Medien, Sitzordnung, Verpflegung, Einladung etc.
- und der persönlichen Vorbereitung: körperliche und geistige Vorbereitung, Erkunden des Raumes und der verfügbaren Technik (insbesondere durch Ausprobieren des „Handwerkszeuges" Moderatorenkoffer, Flip-Chart, Pinnwand, Beamer, etc., in etwas älteren Hochschulen und Tagungshäusern auch mittels Tageslichtprojektor) etc.

Die moderatio®-Methode sieht hierfür sechs Schritte vor (vgl. Seifert 1996, 1999), die wir im nächsten Abschnitt vorstellen. Diese Ausführungen sind an geeigneten Stellen um eigene Erfahrungen ergänzt.

4.4 Die sechs Schritte der Moderation nach Seifert

Die Moderation nach der moderatio®-Methode erfolgt in sechs Schritten. Andere Anbieter (z. B. Neuland, Metaplan) haben andere Methoden und Vorgehensweisen entwickelt, die sich aber in ihrer Anwendung nicht übermäßig unterscheiden und ebenso erfolgreiches Arbeiten erlauben.

Die *Eröffnung* dient dazu, das Thema vorzustellen, die Teilnehmer zu aktivieren und ein gutes Arbeitsklima zu schaffen. Möglichkeiten bieten sich durch:

- ein Aktivierungsbarometer (ein Thermometer zur Frage, wie die Situation gerade ist, mit 0 °C für ganz schlecht und 100 °C für ganz gut)
- eine „Gedankenspinne", die ähnlich wie ein Mind-Map aufgebaut ist und eigener Erfahrung nach zum Entwickeln von Gedanken sehr gut ist: „Wir müssen ein Konzept für xy entwerfen, woran müssen wir denken?"

Wichtig hierbei ist, dass für alle deutlich wird, in welche Richtung die anderen Beteiligten denken und welches Problem im Hintergrund steht. Die Ergebnisse werden vom Moderator dazu verwendet, um alle Teilnehmer auf einen vergleichbaren Informationsstand zu bringen.

Im nächsten Schritt, der *Sammelphase*, werden Gedanken und Themen gesammelt, die das Problem lösen helfen könnten. Bewährt haben sich:

- Abfrage mit Kärtchen (jedem Teilnehmer 3–5 Kärtchen geben, notfalls mehr, bevorzugt in den Farben weiß oder gelb, damit sie sich leichter abfotografieren lassen können)
- Bei kleinen Gruppen und einer wenig konfrontativen Arbeitsatmosphäre auch eine Abfrage auf Zuruf, festgehalten auf Flip-Chart oder Pinnwand.

Die Resultate werden danach in Themengruppen sortiert, wobei über die Einsortierung immer die Gruppe entscheidet, nicht der Moderator. Dass dieser mit ein wenig Manipulation nachhelfen kann, gehört natürlich zum Handwerkszeug, auch wenn das nicht zwingend der reinen Lehre entsprechen muss. Abschließend werden die gebildeten Themengruppen mit einem eindeutigen Namen benannt, dieser wird auf einer deutlich größeren Karte („Cluster-Karte") über der Gruppe notiert.

Im dritten Schritt wird die Dringlichkeit der einzelnen Themengruppen bestimmt, durch eine *Auswahlphase*. Hilfreich ist es, jedem Teilnehmer eine bestimmte Anzahl handelsüblicher Klebepunkte zu geben, welche sie entsprechend ihrer jeweiligen Einschätzung vergeben können. Die Punkte sollten in die übergeordnete Cluster-Karte eingeklebt werden, um für alle Teilnehmer das Ergebnis zu visualisieren. Das Gesamtbild ergibt einen Eindruck von der Dringlichkeit bestimmter Themen – die weitere Bearbeitungsreihenfolge kann anhand der vergebenen Punktezahlen bestimmt werden. Die Gruppe selbst hat die Priorität festgelegt. Sollten einzelne Teilnehmer anderer Meinung sein, verweist die Moderation auf die von der gesamten Gruppe gefundene Dringlichkeit.

WAS?	WIE?	WER?	MIT WEM?	BIS WANN?	Weiteres?

Abb. 4.1 Muster für einen Maßnahmenplan. (Quelle: eigene Erstellung, in Anlehnung an Seifert 1996)

In der *Bearbeitungsphase* werden, wie bereits erwähnt, die einzelnen Themengruppen entsprechend der Priorisierung aufgegriffen, analysiert und mit einem Lösungsweg verbunden. Sollten dabei Doppelungen oder identische Themen auf den einzelnen Themenkärtchen gefunden werden, ist damit auch das entsprechende „Doppel" erledigt.

Für die Bearbeitung stellt die Moderation jeweils zwei Fragen: Was bedeutet dieses Thema/Problem? Und wie lässt sich dieses bewältigen? Entweder kommt aus der Gruppe ein Vorschlag zum weiteren Vorgehen (gerne auch nach einer kontroversen Diskussion), oder die Gruppe stellt fest, dass sich das Thema hier nicht bearbeiten lässt, und es ist damit obsolet. Sollte sich eine Lösung finden, wird hierzu ein Lösungsansatz mit wenigen Stichwörtern dokumentiert und ein verantwortliches Arbeitsteam (wer ist der Verantwortliche, wer macht mit?) gebildet und mit einer Bearbeitungsfrist versehen. Der Hintergrund hierzu: Wenn sich kein Verantwortlicher findet, und auch keine Frist zur Bearbeitung bestimmt wird, wird man nie eine tragfähige Lösung erzielen. Es fehlt schlichtweg die Verbindlichkeit.

Die Vereinbarungen kann man in einem sog. „Maßnahmenplan" dokumentieren, wie in Abb. 4.1 als Muster dargestellt.

Nachdem alle Themen verarbeitet wurden bzw. der vereinbarte Zeitrahmen ausgeschöpft wurde, leitet die Moderation in eine sog. „Abschlussphase" über. Diese Abschlussphase dient zum einen dazu, die gemeinsame Arbeit für alle sichtbar zu beenden („Das haben wir heute geschafft!") und zum anderen dazu, ein abschließendes Meinungsbild zum gemeinsamen Arbeitsprozess zu erhalten („Wie geht es uns nun damit?"). Gerade das Meinungsbild besitzt eine wichtige psychologische Funktion: Wer zufrieden ist, geht die Umsetzung der vereinbarten Maßnahmen leichter an. Und wer unzufrieden ist, soll diese Unzufriedenheit im Kontext äußern können, damit die anderen Teilnehmer die Unzufriedenheit verstehen, und die unzufriedenen Teilnehmer ihren Frust nicht an anderer Stelle abladen, mit der entsprechenden Imagewirkung.

Dazu soll jeder Teilnehmer die Möglichkeit erhalten, ein Abschlussvotum abzugeben. Was ebenfalls mitschwingt: Der Moderator hat die Aufgabe, in der Abschlussphase auf den weiteren Arbeitsprozess zu verweisen (wer hat welche Aufträge übernommen) und dazu auch eine Dokumentation anzukündigen. Am leichtesten geht es als Fotoprotokoll: alle erarbeiteten Flip-Charts, Pin-Wände etc. mit einer Digitalkamera abfotografieren und dann als jpg-Datei mailen bzw. ausdrucken und als Papierkopie verteilen. Damit die richtige Reihenfolge gewahrt bleibt, notieren kluge Moderator die Reihenfolge als aufsteigende Nummer links oder rechts oben auf den erarbeiteten Materialien.

Damit jeder die Möglichkeit zu einem gleichberechtigten, transparenten Abschlussvotum erhält, kann die Moderation zu verschiedenen Aktionen einladen:

- verbale Aussprache (Ballwerfen/Blitzlicht: „Heute war mir besonders wichtig…")
- ein- und zweidimensionale Punktierungs-Abfragen (mit dem Dimensionen: „Wie zufrieden bin ich mit dem erzielten Ergebnis? Wie zufrieden bin ich mit dem Prozess/dem Vorgehen?")

Aus eigener Erfahrung zeigt sich, dass eine verbale Aussprache auf den ersten Blick schneller gehen kann und unkomplizierter wirkt. Allerdings werden spätestens ab dem fünften oder sechsten Votum die meisten Teilnehmer „ich schließe mich meinem Vorredner an" sagen, und auch die Dokumentation wird schwieriger sein.

4.5   Ergänzende Hinweise zur Moderation

In Moderationen kann man sich mit einigen klug durchdachten Punkten die Arbeit deutlich erleichtern. Hierzu gehört insbesondere:

- In größeren Gruppen (ab 10 Personen) nach Möglichkeit zu zweit moderieren, um die gesamte Gruppe wirklich im Blick zu haben
- In Konfliktsituationen unbedingt zu zweit moderieren, damit man sich auch einmal zum Nachdenken kurz innerlich zurückziehen und sich gegenseitig unterstützen kann!
- Gut vorbereitete Moderationen erfordern Moderationstechnik, wie Moderationskoffer, Flip-Chart und Pin-Wände (siehe hierzu Checkliste in Anlage 2)
- Jede Moderation sollte dokumentiert werden (am besten abfotografieren, die Dokumentation sollte jedem/r Teilnehmer/in innerhalb von sieben Tagen nach Durchführung des Workshops zugestellt werden; hier gelten die Ausführungen aus Kap. 3.3.7. analog
- Entscheidungen und Aktivierungen sollte man gut durchdenken, z. B. durch Klebepunkt-Entscheidungen und nachfolgende Kommentierung

- Der Einstieg muss es allen ermöglichen, in das Thema hinein zu kommen, es müssen alle aktiviert werden
- Der Ausstieg muss einen Überblick über die Umsetzung der Moderation geben (Wer macht was bis wann?) und sollte eine Zufriedenheitsabfrage (für Ergebnis nur danken, keine Kommentierung!) enthalten

Wer diese Ratschläge beherzigt, ist damit gegen 90 % aller Fährnisse gut gewappnet. Zudem wird man auch die Hardware vor einer Moderation sorgfältig prüfen, und dazu einige Hinweise beachten:

- keine bunten Kärtchen verwenden, sondern nur weiß oder gelb (bessere Lesbarkeit, v. a. aus der Distanz, UND: bessere Dokumentierbarkeit bei Fotoprotokollen)
- klare Nomenklatur einhalten, mit Form der Kärtchen (Wölkchen, Kreise/Kästchen, Rechtecke und mit Farben (z. B. rote dicke Stifte für Hauptüberschriften, normale rote Stifte mit blauem Unterstrich für Unterüberschriften, blaue normale Stifte für Normaltext: blaue Farbe wird von dem meisten Menschen als am angenehmsten empfunden, rot signalisiert hohe Bedeutung), ein kleiner Hinweis zum Schreiben: nicht die klassische „Schreibschrift" verwenden, sondern Buchstabenstriche einzeln ziehen oder zumindest durchgängig Großbuchstaben verwenden, was sich mit ein wenig Übung gut angewöhnen lässt;
- das Flip-Chart auf Standfestigkeit überprüfen, am besten kariertes Papier verwenden (erleichtert das gerade schreiben und strukturierte Anordnungen der einzelnen Beiträge), Erfahrene haben immer mindestens 10–12 leere Blätter auf Flip-Chart und schreiben immer nur auf eine Seite des Papiers;
- die Pinnwand sollte so beschaffen sein, dass ohne Probleme Stecknadeln eingesteckt werden können, sie sollte außerdem mit Papier („brown paper") überzogen werden, dies ermöglicht das Beschriften für zusammenfassende Kommentare/Ergänzungen und das Aufkleben von Kärtchen für die anschließende Dokumentation;
- den Moderationskoffer auf Vollständigkeit überprüfen: für jeden 1 blauen Stift plus Reserve, genug Kärtchen und Papierwolken, Krepp-Klebeband, transparenter Klebefilm auf einem Abroller, Klebestifte, Schere, Klebepunkte als Mindestausstattung.

In der Praxis der Hochschulen und vieler Betriebe zeigt sich allerdings, dass die Moderationskoffer durch viele Hände wandern und eher einem Sammelsurium gleichen als einem stringenten Konzept. Manchmal hat man sogar das Gefühl, einen Mülleimer zu öffnen. Von daher: jeder Koffer wird einen, besser zwei Tage vorab geprüft und ggf. um entsprechendes Material ergänzt. Dies kann schnell ins Geld gehen, allerdings sollte die gute Vorstellung den Einsatz von 15 oder 20 € wert sein.

4.6 Eigenschutz in Moderationen

Abschließend seien einige Hinweis auf mögliche Konflikte in einer Moderation erlaubt, die selbst bei bester Vorbereitung auftreten können. Moderationen leben von der Dynamik der Situation, in positiver wie möglicherweise auch in weniger positiver Form. Der Erfolg der Moderation baut nicht nur auf einer guten Vorbereitung auf, sondern auch und gerade auf der Authentizität der Moderation. Gefühle können im angemessenen Rahmen nützlich sein. Der Moderator sollte sich selbst aber schützen können vor der Preisgabe persönlicher, nachteiliger Informationen. Dies dient der eigenen Neutralität und damit dem Arbeitserfolg. Von daher sollte man sich nie in persönliche Konflikte hinein ziehen lassen. Konflikte, die aus der Gruppe kommen, werden umgehend in die Gruppe hinein gegeben und dort verhandelt. Als Moderatorin bzw. Moderator steuern Sie die Konfliktbehandlung, ohne sich selbst zum Teil des Konflikts zu machen. Ist der Konflikt zu dominant und wird von mehreren Teilnehmern getragen, bedeutet dies in erster Linie, dass Ihr Arbeitsauftrag vom Auftraggeber falsch gegeben wurde – Sie sind damit aus der Verantwortung.

Bei Abstimmungen und ähnlichen Festlegungen werden Sie als Moderator diese nicht oktroieren können, sondern zunächst einmal Commitment in der Gruppe herstellen, durch Punktierungen, Abfragen oder auch durch „zustimmendes Kopfnicken", das Sie sich von jedem Teilnehmer einholen.

Einzelne Dauerbeiträger, deren Input von den anderen nicht mitgetragen oder gar abgelehnt wird, bekommen Sie durch einen „Themenspeicher" in den Griff. Der relevante Punkt wird visualisiert (durch Kärtchen oder Vermerk auf einem Flip-Chart), in den als themenspeicher definierten Bereich gehängt und damit dokumentiert. Weiteres Insistieren kann durch den Verweis auf den Themenspeicher und die Rückfrage an die gesamte Gruppe, ob dieser Punkt für alle von Belang ist, gelöst werden.

Sofern hartnäckigere Konflikte auftreten, helfen Ihnen vermutlich die nachfolgend in Abschn. 5 dargestellten Hinweise zur Konfliktkommunikation.

Kommunikation in Konflikten 5

Gerade in Besprechungen und Moderationen kann es sehr leicht zu Konflikten kommen, da hierbei hoffentlich auch Interessensgegensätze sowie unterschiedliche Einschätzungen und Erfahrungen offen und ehrlich auf den Tisch kommen (siehe auch Meyerhoff und Brühl 2004, S. 41 ff.). Konflikte sind zunächst einmal etwas sehr Natürliches und werden – ob dies nun zur Beruhigung oder eher zur Beunruhigung dient – mit 100 % Wahrscheinlichkeit auftreten. Allerdings kann man sich auf einige Grundelemente von Konflikten und daraus abgeleiteten Lösungsansätzen vorbereiten und so die konstruktiven Aspekte eines Konfliktes beachten. Damit wird es leichter, am Ende einer Besprechung oder Moderation ein von allen akzeptiertes Ergebnis zu vereinbaren.

5.1 Ursachen von Konflikten

Konflikte sind etwas Normales/Natürliches, da es beständig Konflikte um die Verwendung knapper Ressourcen wie Haushaltsgeld, Natur, Aufmerksamkeit, Urlaub, Verkaufsflächen etc. geht! Ziel des Konfliktes ist eine nutzenoptimale Verwendung der knappen Ressourcen!

Grundsätzlich gilt damit, dass die Ursache für Konflikte immer in der Verletzung der Interessen einer Partei liegt. Dies kann bewusst oder auch unbewusst geschehen, durch Ignorieren, Übergehen, Angreifen, Wegnehmen etc. Die beiden Autoren Meyerhoff und Brühl (2004, S. 42) unterscheiden:

- Sachkonflikte (z. B. aufgrund von unterschiedlichem Vorwissen)
- Wertkonflikte (z. B. über die Wichtigkeit und Wertigkeit einer Sache)
- Beziehungskonflikte (zwischen zwei oder mehr Personen, meistens hinsichtlich einer hierarchischen Einordnung oder auch über die Intensität einer Beziehung)

© Springer Fachmedien Wiesbaden 2016 29
S. Hillebrecht, *Gruppenarbeiten vorbereiten und moderieren*, essentials,
DOI 10.1007/978-3-658-12089-4_5

- Rollenkonflikte (z. B. als Widerstreit eines studentischen Tutors zwischen seiner Verpflichtung gegenüber dem vorgesetzten Dozenten und seinen Kommilitonen)
- Methodenkonflikte, also unterschiedliche Auffassungen über das sinnvolle Vorgehen

Konflikte führen zunächst einmal zu Eskalationen wie Verhärtungen, Debatten, Provokationen. Wenn damit eine Klärung herbei geführt wird, sind Konflikte konstruktiv. Oft kann man Konflikte durch die Anhörung einer Partei bearbeiten, weil damit eine Anerkennung der Gegenpartei ausgesprochen wird und damit die verletzten Interessen anerkannt wurden. Hier geht es darum, der Konfliktpartei durch Zuhören und das Zeigen von Verständnis zu signalisieren, dass man die Befindlichkeiten respektiert.

Bei substantiellen Konflikten wird man hingegen einen sinnvollen Ausgleich suchen müssen. Wenn man selbst Konfliktpartei ist, wird ein Kompromiss immer auch dazu führen, dass man im Sinne eines höheren Ergebnisses oder Zieles (z. B. Fortsetzung der Zusammenarbeit) auf etwas weniger Wichtiges verzichten wird – und vice versa: auch die andere Konfliktpartei wird im Sinne der Fortsetzung der Zusammenarbeit auf etwas Weniger wichtiges verzichten müssen. Wenn zumindest eine Konfliktpartei dazu nicht bereit ist, wird der Konflikt die Bildung von Koalitionen bzw. Abgrenzungen nach außen nach sich ziehen. Das bedingt bei einzelnen Beteiligten einen Gesichtsverlust, geht oft einher mit dem Verlust von Regeln und Normen, und man ist schnell in einer destruktiven Entwicklung. Kennzeichen dafür sind Drohungen, begrenzte Vernichtungen, Zersplitterungen bis hin zur totalen (Selbst-)Vernichtung.

Auch im Hinblick auf die möglichen Folgen eines Konfliktes sollte man deswegen Konflikte nicht prinzipiell vermeiden. Es ist aber hilfreich zu wissen, dass man sie entsprechend bearbeiten und einer hilfreichen Lösung zuführen kann.

Größtes Problem bei der Konfliktlösung ist die Zugänglichkeit der Konfliktparteien: Inwieweit sind die Konfliktparteien bereit, den Konflikt als einen solchen wahrzunehmen und an einer gemeinsamen Lösung zu arbeiten?

Des weiteren wird man relativ häufig feststellen, dass in Konflikten etwas unter der Oberfläche liegt, was die Kontrahenten so nicht offen benennen wollen, sei es eine vorher gehende Verletzung, die jetzt zurück gezahlt wird, sei es ein Vorwand, der von etwas anderem ablenken soll. Sei es etwas ganz anderes wie ein Stellvertreterkonflikt, bei dem bildhaft gesprochen der Sack geschlagen wird, um den Esel zu treffen – Untergebene oder andere Gruppenmitglieder werden angegriffen, um den Vorgesetzten bzw. ein drittes Gruppenmitglied zu treffen. Von daher kann es hilfreich sein, zunächst einmal den Konflikt nicht auf sich als Person zu beziehen, sondern auf ein konkretes Verhalten oder Vorkommnis. Damit kann man einen Konflikt leichter von der emotionalen Ebene auf eine Sachebene bringen und damit einer Lösung zuführen. Desweiteren kann eine intensivere Beschäftigung mit den grundsätzlichen Merkmalen von Konflikten helfen, aktuelle Konflikte zu durchdenken.

5.2   Die Konfliktstufen nach Glasl

Eine sehr bekannte Konflikttheorie findet sich in den Konfliktstufen nach Friedrich Glasl (1992, S. 215 ff.). Er teilt Konflikte je nach Intensität und Lösungsmöglichkeit in neun Stufen ein:

1. Verhärtung: Standpunkte prallen aufeinander
2. Debatte: Polarisation im Denken, Fühlen, Wollen
3. Aktionen: Beteiligte stellen das Reden ein und stellen sich gegenseitig vor vollendete Tatsachen
4. Images und Koalitionen: Gerüchte werden in Umlauf gesetzt, Stereotypen und Klischees aufgebaut, man manövriert sich gegenseitig in negative Rollen und bekämpft sich
5. Gesichtsverlust: es finden öffentliche und direkte Angriffe statt, teilweise mit verbotenen Mitteln, die auf einen Gesichtsverlust des Gegners abzielen
6. Drohstrategien: Drohungen werden aufgebaut und oft mit Ultimaten verbunden
7. Begrenzte Vernichtungsschläge: Der Gegner wird nicht mehr als Mensch wahrgenommen, man will mit begrenzten Schlägen dem Gegner eine „passende Antwort" geben, auch eigene Verluste werden in Kauf genommen
8. Zersplitterung: Die Zerstörung und Auflösung des feindlichen Systems wird intensiv verfolgt
9. Gemeinsam in den Abgrund: totale Konfrontation, bei der man auch die eigene Vernichtung in Kauf nimmt, um den Gegner zu vernichten

Je nach Konfliktstufe kann die Lösung des Konflikts zwischen den beiden Konfliktpartnern durch geeignete Kommunikationsmaßnahmen befördert werden. Man geht dabei davon aus, dass auf den ersten drei Konfliktstufen die Kontrahenten in der Regel selbst in der Lage sind, den Konflikt zu einem guten, für beide Seiten fairen Ende zu bringen und darüber auch die weitere Zusammenarbeit vielleicht sogar zu verbessern („win-win-Situation").

Bei den Konfliktstufen vier bis sechs wird man hingegen eher auf eine Mediation zurückgreifen, die zunächst einmal die einzelnen Konfliktparteien einzeln anhört, um aus den gewonnenen Erkenntnissen die Ursachen des Konflikts zu erkennen und eine mögliche Lösung zu entwickeln. Man geht aber davon aus, dass meistens eine der beiden Konfliktparteien mit einem größeren Verlust leben muss und sich damit eine „win-loose-Situation" ergeben kann. Die Folgen sind selten sicher vorhersehbar. In dem einen Fall wird die Partei mit dem größeren Verlust die Zusammenarbeit aus Einsicht oder Mangel an Alternativen trotzdem fortsetzen, in dem anderen Fall vielleicht auch auf die Gelegenheit zur Revanche sinnen oder sich mittelfristig aus der Konstellation zurück ziehen.

Auf den letzten drei Konfliktstufen hat man meist eine Heftigkeit erreicht, die die Auseinandersetzung zu sachlichen Aspekten gegenüber der emotionalen Seite nachrangig werden lässt. Beide Parteien suchen im Konflikt eine Kompensation der Verletzungen, und werden dieses Ziel durch vielerlei Mittel erreichen wollen. Ein derartiger Konflikt kann oftmals nur noch durch eine Art Richter (z. B. Vorgesetzte, die mit ihrer disziplinarischen Macht eingreifen) gelöst werden. Hier kann es für einen Beteiligten durchaus sehr klug sein, frühzeitig auszusteigen und den eigenen Verlust damit zu minimieren. Allerdings erfordert dies auch die Einsicht, dass das Schädigen des Anderen nicht unbedingt zielführend sein wird und die Energie, die bis dato im Konflikt gebunden ist, womöglich an anderer Stelle deutlich besser investiert wird.

Um das Eine vom anderen sicher unterscheiden zu können, liegt eine vertiefte Beschäftigung mit dem Wesen von Konflikten und der Möglichkeit zu ihrer Lösung nahe.

5.3   Die Möglichkeiten zur Lösung von Konflikten

Konflikte sind zunächst einmal eine Manifestation von verschiedenen Standpunkten. Klug bearbeitet, helfen sie allen Beteiligten, eine bestimmte Idee oder Ansicht weiter zu entwickeln und damit den Erkenntnisstand zu erhöhen. Konflikte sind daher in Diskussionen selbstverständlich und hilfreich. Bei solchen einfachen Konflikten ist es immer sinnvoll:

- Die eigenen Kriterien darzulegen
- Die Kriterien der anderen Konfliktbeteiligten zu erkunden
- Anschließend auf die Suche nach einem Kompromiss zu gehen

Die Lösung kann anhand folgender Musterstrategien erfolgen:

- Bei Differenzen in einer Sachfrage wird man den Konfliktparteien erlauben, ihre jeweiligen Positionen zu erläutern. Die Gesprächsleitung oder ein Moderator wird abschließend beide Positionen zusammen fassen, durch Herausstellen der jeweiligen Positionen. Dabei kann man abklären, ob nicht doch auch Beziehungen/Gefühle gestört sind und zur Lösung eine sachorientierte Lösungsstrategie anbieten („Wir legen hier in der Gruppe jetzt eine Bearbeitungsreihenfolge fest, mit der diese Position und jene Position bearbeitet wird.")
- Bei Problemen auf der Beziehungsebene ist es zunächst einmal wichtig, die verletzten Gefühle zu klären, als Ausdruck von Wertschätzung/Anerkennung für die jeweiligen Gefühle. Sodann kann man an einer Wiederherstellung des Gefühlsgleichgewichts arbeiten („Wir sehen Ihre Position, die durch folgende Überlegungen gekennzeichnet und damit berechtigt sind, und wir sehen Ihre Position, die durch folgende Überlegungen gekennzeichnet und damit ebenfalls berechtigt sind. Wir erkennen an, dass eine Lösung in Zukunft diese und jene Gefühle berücksichtigt…")
- Bei der Behandlung von Beziehungsfragen, die zunächst einmal wie Sachfragen behandelt werden, ohne dabei auf die Gefühlslagen des Opponenten Rücksicht zu nehmen, ist es wichtig, sowohl die Sach- als auch die Beziehungsebene aufzudecken, und darauf aufbauend erst einmal die Beziehungsebene zu klären. Wird zunächst die Sachebene geklärt, entsteht schnell eine Machtfrage, weil dann wichtige Gefühlselemente verletzt werden.

Dazu kann man als Vorgehensweise ein Verfahren in fünf Schritten festhalten:

1) Klärung der Art des Konfliktes (Sach- oder Beziehungskonflikt), z. B. durch direkte Ansprache der Kontrahenten, Recherche von Hintergrundinformationen, Beobachtung der Konfliktbeteiligten usw.
2) Klärung der Bereitschaft zur Konfliktlösung, im gemeinsamen Gespräch oder notfalls auch im vertraulichen Einzelgespräch
3) Erarbeiten einer Lösungsstrategie, bei der alle Beteiligten gewinnen können
4) Vereinbarung der Konfliktlösung und entsprechende Dokumentation
5) Umsetzung der Lösung

Glasl weist in seiner Konflikttheorie auf eine wichtige Randbedingung zur Konfliktlösung hin. Die Konfliktparteien sind auf einer einfachen Konfliktstufe (bei der Glasl'schen Konflikteinstufung auf den Stufen 1–3) in der Regel allein in der

Lage, den Konflikt zu lösen, auch wenn ein neutraler Dritter vielleicht unterstützen kann. Wichtig hierbei ist allerdings auch die Fähigkeit, durch Empathie sich in den anderen hinein zu versetzen und seine Interessen zu erkennen. Dazu wird man als Beteiligter die Interessen des Gegenübers in Erfahrung bringen und seine eigenen Interessen darlegen sowie eine Schnittmenge der Interessen definieren, als gemeinsame Wertebasis und als Ausgangspunkt für einen Kompromiss.

Anschließend stellt man sich die Frage, worauf man selbst verzichten kann, und worauf die Gegenseite zu verzichten bereit ist, um die gemeinsame Zusammenarbeit fortzuführen, und wie dementsprechend der Kompromiss aussehen kann. Kompromisse sind vereinfacht gesprochen immer ein Handel, bei dem beide Seiten auf etwas verzichten, das ihnen vielleicht weh tut, sie aber nicht existenziell gefährdet, um die Zusammenarbeit fortsetzen zu können. Das Geheimnis des tragfähigen Kompromisses lautet demzufolge: Keine Seite muss auf etwas verzichten, was von existenzieller Bedeutung ist. Aber beide Seiten haben auch etwas gewonnen, z. B. die Perspektive, aus der Zusammenarbeit einen Nutzen zu ziehen.

Bei einer Verstärkung des Konflikts wird zumindest eine Seite verlieren, weshalb es zu den von Friedrich Glasl beschriebenen Verhärtungen und Kämpfen kommt. Hier wird oftmals erst ein neutraler Vermittler (Moderation, Mediation) einen Erfolg bewirken können, indem die Vermittlung beiden Seiten die Notwendigkeit der weiteren Zusammenarbeit ebenso verdeutlicht wie Möglichkeiten aufzeigt, wie man trotzdem noch zusammen arbeiten kann. Dazu zählt z. B. die Idee, es der unterlegenen Seite zu ermöglichen, sich selbst als moralischen Sieger zu verstehen, der „als Klügerer nachgibt", im Interesse des Großen, Ganzen. Ein bitterer Nebengeschmack dieses Lösungsweges: Wenn eine Partei zu oft das Gefühlt hat, als Klügerer nachgegeben zu haben, wird diese Partei irgendwann die Kooperation beenden mit dem Hinweis darauf, man sei genug ausgenutzt worden.

Eine Eskalation wird kaum noch aufzulösen sein, wenn man sich auf den Glasl'schen Konfliktstufen 6–9 befindet. Beide Seiten nehmen eigenen Schaden in Kauf nehmen, um das übergeordnete Ziel – die Vernichtung des Gegenübers – zu erreichen. Mindestens ein Konfliktbeteiligter ist so verzweifelt, dass er den eigenen Schaden oder gar den eigenen Untergang als bereits sicher annimmt und diesen Schaden nur dadurch relativieren und damit akzeptieren kann, wenn er dem anderen ebenfalls einen möglichst hohen, wenn nicht sogar existenzgefährdenden Schaden zuzufügen vermag. Auf diesen Konfliktstufen sehen beide Seiten den Konflikt für sich selbst als existenzgefährdend an. Es entsteht ein regelrechter „Kampf bis aufs Messer". Als Konfliktbeteiligter wird man klugerweise nicht die eigene Vernichtung abwarten, sondern einen vollständigen Ausstieg aus der Konfliktsituation suchen, solange dies noch geht. Allerdings können einem die eigenen

Emotionen (nicht schon wieder verlieren, der darf nicht gewinnen etc.) hier einen Streich spielen, so dass man sich öfters als sinnvoll derartigen ausführlichen und nachhaltigen Konflikten befindet. An dieser Stelle sei auf den Film „War of the Roses" mit Kathleen Turner und Michael Douglas verwiesen. Beide Protagonisten gehen lieber unter, als in einem Scheidungskrieg auf etwas zu verzichten, was einem aus irgendwelchen Gründen zusteht bzw. was man dem anderen unter allen Umständen nicht gönnen möchte. Das Ergebnis ist bekannt: Die Familie ist zerstört, das gemeinsame Haus ebenfalls. Aber beide haben zumindest den Triumpf, dass der andere vom Konflikt auch nicht mehr profitieren kann.

Bei derart verhärteten Konflikten kann eventuell die GRIT-Technik nach Charles E. Osgood (1962) weiter helfen. Hierbei soll jede betroffene Seite guten Willen zeigen, dazu vertrauensbildende Maßnahmen einseitig ankünden und dann auch ergreifen. Sofern die Gegenseite darauf eingeht, kann man aufeinander zu gehen. Sofern die Gegenseite dies als Gutmütigkeit begreift, sollten diese Angriffe öffentlich benannt sowie begrenzte Vergeltungsmaßnahmen verkündet und durchgeführt werden, die aber die vertrauensbildenden Maßnahmen nicht zurücknehmen. Im Idealfall wird auch eine Verständigungsbasis hergestellt, die eine weitere Zusammenarbeit der Konfliktparteien ermöglicht. Was sich als Theorie gut liest und für die Auseinandersetzung zwischen Staaten eine Weile gut funktioniert hat (man denke an den Kalten Krieg der Jahre 1960–1989), wird vielleicht auch in studentischen Arbeitsgruppen funktionieren. Allerdings stößt die GRIT-Technik auf eine natürliche Grenze, wenn

- eine der Konfliktparteien entweder eine diebische Freude im Konflikt selbst hat (also die Führung des Konflikts mehr an Aufmerksamkeit und Anerkennung bringt als die Lösung – die asymmetrische Kriegsführung zwischen Partisanen und Besatzungsarmee oder an den Konflikt zwischen Iran und der westlichen Hemisphäre)
- oder wenn eine Konfliktpartei es gar nicht auf die Meinung der Öffentlichkeit bzw. des gesellschaftlichen Umfelds anlegt (man denke an den Konflikt zwischen Nordkorea und den USA).

Das Interessante daran: Bisher wurde noch jeder Konflikt beendet, oft weil einer der beiden Konfliktparteien die Kraft und Energie zur Fortsetzung des Konflikts ausgingen. Man muss nur genug Geduld und Ressourcen in den Konflikt einbringen ... Ob man die im Rahmen eines Studiums hat, steht auf einem anderen Blatt. Und ob es sich lohnt, die Studienzeit mit einem Dauerkonflikt zu belasten, wird sicher jeder für sich beantworten müssen.

5.4   Die Rolle von Einwänden und Vorwänden als Konfliktquelle

In Diskussionen und Besprechungen, z. B. von Arbeitsgruppen, trifft man regelmäßig auf das Phänomen von Vorwänden, die sich als Einwand verkleiden und dafür sorgen sollen, dass Veränderungen nicht oder zumindest nicht so stattfinden. Zur Unterscheidung dienen folgende Definitionen:

- Einwände sind sachlogisch begründet und können mit geeigneter Argumentation bearbeitet werden
- Vorwände dienen als Ausflucht und können daher nicht einer sachlogischen Argumentation unterzogen werden.

Um in einer konkreten Diskussionsrunde Einwände von Vorwänden leichter zu unterscheiden, kann man sich mit einer Rückfrage behelfen: „Angenommen, wir würden dieses Problem/diese Frage lösen, wären Sie damit zufrieden?" Kommt ein klares „Ja", weiß man, dass man einen Einwand gelöst hat. Kommt hingegen ein „Dann kommt aber das Problem…" oder „Das können Sie eh nicht sorgfältig lösen, ich traue es Ihnen nicht zu", handelt es sich in der Regel um einen Vorwand. Besser ist es in diesem Fall, den Vorwand zunächst stehen zu lassen und Hintergründe zum Vorwand zu erfahren. Dies kann man dann in einem ungestörten Zwiegespräch vornehmen.

5.5   Mediation als Instrument zur Konfliktbewältigung

Oftmals wird bei verfahrenen Konfliktsituationen die Mediation als Lösungsmöglichkeit vorgeschlagen (z. B. bei Altmann und Fiebiger 1999). Dabei handelt es sich um eine Form alternativer Konfliktbearbeitung, die zukünftiges Zusammenleben (Kooperieren und Kommunizieren) ermöglicht und damit die Beteiligten in eine „Win-Win-Situation" bringt. Mediation thematisiert Sachkonflikte, die die Zusammenarbeit der Beteiligten stört, die persönliche und geschäftliche Beziehungsebene gefährdet. Mediation ist damit eine Art strukturierter Verhandlungsprozess, bei der die beteiligten Konfliktparteien auf einer Ebene der Gleichberechtigung miteinander verhandeln.

Als Einsatzfelder bieten sich alle Formen von Konflikten in Sozialsystemen wie Familien, Betriebe, Vereine, Verbänden; und deren Subsysteme (z. B. Abteilungen oder einzelne Mitarbeiter untereinander). Aber auch Probleme zwischen verschiedenen Systemen mit gegenläufigen Interessen (z. B. Umweltschutzverband contra Industrieunternehmen) können durch Mediation bearbeitet werden. Mediation kann nicht zuletzt im Hochschulumfeld gut gedeihen, wenn z. B. zwei verschiedene studentische Arbeits- oder Projektgruppen in einer verfahrenen Situation stecken und Kommilitonen durch ihren Einsatz den Konflikt auflösen wollen. Mediation wird in der Regel von ausgebildeten Mediatoren moderiert, die als Neutrale versuchen, die jeweiligen Positionen nach Lösungsmöglichkeiten abzuklopfen und den Konflikt zu entschärfen, die Konfliktparteien miteinander zu versöhnen, auf einen gemeinsamen Lösungsweg zu führen. Von daher sollte man an die eigene Mediationsfähigkeiten keine allzu hohen Erwartungen stellen und notfalls die Mediation an eine „höher stehende Person" (z. B. einen wissenschaftlichen Mitarbeiter) übertragen.

Wenn Sie selbst eine Mediation versuchen wollen, halten Sie sich am besten an eine bestimmte Abfolge:

1) Einstiegsphase: Zusicherung von Vertraulichkeit, Erklären der Regeln, Ziele klären/verdeutlichen, Definition von Arbeitsregeln, abschließend Verpflichtung der Beteiligten auf die Teilnahme („Commitment" erzeugen)
2) Darstellung der Sichtweisen der einzelnen Konfliktparteien: Konfliktparteien tragen Standpunkte vor, Mediatoren spiegeln, fassen zusammen, formulieren ggf. neu („reframing"), dokumentieren die strittigen Punkte und klären die Reihenfolge der Bearbeitung
3) Konflikterhellung: genaueres Nachfragen/Erhellen, Herausfinden der Gefühle und Motive, Rückversicherung, dass man sich auf dem richtigen Weg befindet
4) Problemlösung: Suche nach Lösungsmöglichkeiten (z. B. durch Brainstorming), Diskussion und Bewertung von Lösungen, Suche nach Konsens („Schnittmengen")
5) Vereinbarung: genaue Formulierung, Vortrag der Vereinbarungen, Bestätigung der Vereinbarung durch die Beteiligten („Notarfunktion")

Neben einem gewissen gesunden Menschenverstand werden erfolgreiche Mediatoren in der Regel Verhandlungswissen und Verhandlungstechniken und kommunikative Grundfertigkeiten besitzen. Der Einsatz von Medien (insbesondere Flip-Chart und Pin-Wand) hilft bei der Visualisierung des Konflikts. Damit Mediatoren ihre Rolle glaubwürdig wahrnehmen können, müssen sie sich ihrer eigenen Rolle bewusst sein. Sie sind ähnlich wie ein Moderator nur Katalysator/Moderator, nicht Partei! Daher dürfen auch keine Beziehungsverflechtungen und keine persönlichen Meinungsäußerungen in den Mediationsprozess einfließen.

Feedback als Kommunikationsform – kollegial beraten leicht gemacht 6

Im Laufe Ihrer Ausbildung werden Sie durch mehr oder weniger häufigen Einsatz als Besprechungsleiter, Moderator und Präsentator an Erfahrungen gewinnen. Sie erhalten direkt in der jeweiligen Veranstaltung ein Feedback durch die Form der Mitarbeit und der Rückfragen, sowie bei benoteten Präsentationen auch durch die Ausprägung der Note. Zusätzlich können Sie für sich Feedback erbitten bzw. Ihren Kommilitonen auch Feedback geben, um sie bei überzeugenden Vorstellungen zu bestärken und bei optimierbaren Handlungen eine Unterstützung zu geben. Sie sind als Zuhörer stets Experte, denn Sie merken, wie etwas bei Ihnen ankommt, und im Rahmen der kollegialen Hilfe wird ein konstruktives Feedback in den meisten Fällen gut ankommen.

Die Grundfunktion von Feedback ist die Schilderung einer Wahrnehmung, als Hilfe zur persönlichen Weiterentwicklung. Der Feedbackgeber hat sich mit dem Präsentationsinhalt und der Präsentationsform auseinander gesetzt und überlegt, was gut war und was optimierbar ist. Feedback ist daher immer ein Geschenk! Wir sehen Handlungen und hören Äußerungen, wissen aber nicht unbedingt um die dahinter stehenden Überlegungen. Von daher beachten Feedback-Geber einen Dreischritt:

- Beobachtung: Ich habe Folgendes gesehen/gehört/wahrgenommen
- Wirkung: Dies hat bei mir Folgendes verursacht/erzielt/ergeben/mich wie folgt weitergebracht oder auch nicht
- Anregung: Ich schlage daher vor, dass Du das und das bei behältst/stärker beachtest/…

Als Muster für ein strukturiertes Feedback zu Vorträgen und Präsentationen kann man das Formblatt in Anhang 4 verwenden. Dieses Blatt kann entsprechend mit

© Springer Fachmedien Wiesbaden 2016
S. Hillebrecht, *Gruppenarbeiten vorbereiten und moderieren*, essentials,
DOI 10.1007/978-3-658-12089-4_6

Stichworten ausgefüllt und dem Feedback-Nehmer nach den allfälligen Erläuterungen übergeben werden.

Der Feedbacknehmer rechtfertigt sich seinerseits nicht, sondern nimmt Informationen auf und stellt Rück-/Verständnisfragen, nach dem Muster

- Danke für diese Äußerungen!
- Ich sehe anhand Deines Feedbacks, dass dieses und jenes gut aufgenommen wurden und bei diesem und jenem scheinbar nicht alle Informationen ankamen.
- Als Verbesserungsmöglichkeiten hast Du mir dieses und jenes vorgeschlagen.
- Ich denke darüber nach/ich finde das gut und werde es umsetzen/Ich bin mir noch nicht sicher, was ich damit mache und benötige dazu noch folgende Hilfen/Informationen/…

Allerdings wird man im Hochschulkontext schnell an die Grenzen eines kollegialen Feedbacks stoßen können, da viele Kommilitonen die Notenrelevanz von Feedback befürchten. Und auch die Beziehungsebene kann eine Rolle spielen: Wir sitzen alle in einem Boot, und daher will ich kein Feedback geben, um nicht unsolidarisch zu wirken. Jedoch muss man aus Dozentensicht genau das Gegenteil herausstreichen: rege Beteiligung, auch in kontroverser Form, ist zunächst einmal ein Zeichen dafür, dass der jeweilige Student bzw. die jeweilige Studentin in der Lage war, ihre Zuhörerschaft zu aktivieren. Vor allem eine Diskussion, die sachliche Themen vertieft, ist hier immer ein gutes Indiz. Viele Dozenten ermuntern daher zum Feedback und legen ihre Note vor dem Feedback fest – und kommunizieren dieses auch klar.

Ganz zum Schluss: Steht Ihnen niemand zur Verfügung, der Ihnen Feedback zu Ihrem Auftritt gibt, können Sie wenigstens für sich selbst festhalten, was Sie an Ihrem aktuellen Auftritt besonders gut, was Sie als verbesserungswürdig einstufen und was Sie für die nächste Präsentation, für die nächste Moderation gelernt haben. Dieser Dreischritt, bei einigen auch als „Walt-Disney-Technik" bekannt, dient dazu, jeweils einen Punkt herauszugreifen, damit man sozusagen sich selbst Feedback geben kann.

Und ansonsten gilt, was bereits im zweiten Kapitel angesprochen wurde: Übung macht den Meister (oder die Meisterin), und dazu sollten Sie jede geeignete Möglichkeit nutzen.

Was Sie aus diesem *essential* mitnehmen können

- Gruppenarbeiten und Moderationen basieren auf einer klaren Auftragsdefinition und einer Klärung Ihrer Rolle.
- Erfolgreiche Gruppenarbeiten folgen einem sorgfältig erarbeiten Drehbuch mit mehreren Arbeitsschritten, von der Themeneinführung über eine Themenbearbeitung bis zu einem Themenabschluss.
- Die Themeneinführung orientiert über die Aufgabenstellung und dient gleichzeitig der Aktivierung der Teilnehmer.
- In der Themenbearbeitung können verschiedene Arbeitsmethoden eingesetzt werden, von der Diskussion über Aktionen bis hin zu Abstimmungen.
- Ein guter Ausstieg aus der Gruppenarbeit zeigt an, dass ein wichtiger Arbeitsschritt geschafft ist und nunmehr die individuelle Weiterarbeit beginnen kann.
- Zur Nacharbeit gehören immer eine angemessene Dokumentation (z. B. Protokoll mit Aufgabenkatalog) und ein schneller Versand der Dokumentation.
- Für eine erfolgreiche Gruppenarbeit sind verschiedene Arbeitsvorlagen hilfreich, z. B. ein Projektplan, unterstützende Tischvorlagen etc.
- Konflikte in Gruppenarbeiten sind sehr wahrscheinlich und bieten auch Chancen für eine kreative Lösungsbearbeitung.

© Springer Fachmedien Wiesbaden 2016
S. Hillebrecht, *Gruppenarbeiten vorbereiten und moderieren,* essentials,
DOI 10.1007/978-3-658-12089-4

Anhang

<hr>

Anhang 1: Beispiel für einen umfassenden Projektplan „Imagefilm Studentenverein"

a. Projektstrukturplan

Abschnitt	Vorbereitung	Produktion	Post Production	Nacharbeit
Inhalte	Projektzeitplan	Aufnahme-technik (bestimmen, reservieren, ausleihen, bedienen)	Film schneiden	Pressemitteilung
	Projektres-sourcen	Aufnahme-orte (be-stimmen, besichtigen, nutzen)	Vertonen (Texte sprechen, Musik auswäh-len und dazu Rechte klären)	Öffentliche Vorführung
	Projektverantwort-lichkeiten	Schauspieler (auswählen, ein-weisen, spielen lassen)	Projektbericht (erstellen, abgeben)	Einstellen bei Video-platt-for-men (youtube, …)
	Storybuch und Drehbuch (erstellen, vom Auftraggeber freigeben lassen)	Projektzeit-plan und Projektbudget kon-trol-lieren		
	Projektbudget definieren			

© Springer Fachmedien Wiesbaden 2016
S. Hillebrecht, *Gruppenarbeiten vorbereiten und moderieren*, essentials,
DOI 10.1007/978-3-658-12089-4

b. Projektzeitplan

Arbeitsschritt	April	Mai	Juni	Juli
Vorbereitung	Projektplanung Freigabe durch Auftraggeber			
Produktion	Technik definieren und reservieren	Schauspieler auswählen Drehorte auswählen	Technik ausleihen und einsetzen Schauspieler einsetzen	
Post Production			Schnitt und Vertonung	
Nacharbeit				Pressemitteilung Öffentliche Vorführung Einstellen bei Videoplattformen

c. Projektbudget

Position	Planansatz SOLL	Ist Per 30.04	Ist Per 31.05	Ist Per 30.06	Ist Per 31.07	Soll-Ist-Abweichung
Arbeitszeit	5 Personen * 90 Stunden = 450 Stunden	12 h	120 h	340 h	480 h	+30 h
Honorar Schauspieler	1.200 €	0 €	150 €	400 €	400 €	−800 €
Sachkosten Reise	250 €	20 €	200 €	450 €	600 €	+350 €
Sachkosten Musik	500 €	0 €	0 €	400 €	400 €	−100 €
Sachkosten Technik	200 €	0 €	40 €	130 €	130 €	−70 €
Sonstiges	50 €	0 €	12 €	12 €	44 €	−6 €

d. Verantwortlichkeiten
- Projektleitung: Hanna Schwarz
- Dokumentation und Projekt-Controlling: Tatjana Blanzigk
- Technik bedienen: Kassandra Blau, Bernhard Wulff
- Fahrtdienste: Hanna Schwarz
- Post Production: Kassandra Blau, Hanna Schwarz, Bernhard Wulff
- Kommunikation mit Externen, Presse: Tatjana Blanzigk

Anhang 2: Muster für eine Tischvorlage

Hochschule Würzburg-Schweinfurt
Fakultät Wirtschaftswissenschaften
Seminar „Personaldienstleistungen" im Wintersemester 2015/2016
Thema: Die Formen von Personaldienstleistungen
Referat am 10.12.2015 von Sabrina Musterfrau

1. Aufgabenstellung: Personaldienstleistungen (PDL) haben sich in den letzten 20 Jahren zu einem umfassenden Dienstleistungsangebot entwickelt, mit knapp 1 Million Arbeitnehmern. Stellen Sie die Bandbreite der Personaldienstleistungen dar und beurteilen Sie die zukünftigen Aussichten der Branche!
2. Wesentliche Inhalte sind:
   - Personaldienstleistungen umfassen sowohl assistierende Personaldienstleistungen wie Zeitarbeit, Interim-Management und Outsorcing als auch beratende Personaldienstleistungen (z. B. Personalberatung/Executive Search, Personalvermittlung, Karriereberatung, Outplacement und strategische Personalberatung)
   - Branche zeigt in den letzten 20 Jahren eine deutliche Steigerung bei Umsatz und Einsatzfeldern
   - Zunehmende gesellschaftliche Akzeptanz zeigt sich auch im neuen Berufsbild des Kaufmanns/der Kauffrau für Personaldienstleistungen (seit 2009) und erster Studienangebote in Giessen, Lörrach und Braunschweig
3. Persönliche Einschätzung/Empfehlung:
   - Positive Branchenentwicklung bietet vielfältige Beschäftigungsmöglichkeiten für Studienabsolventen
   - Starke Konkurrenz der PDL erfordert hohe Bereitschaft zur Vertriebsarbeit bei vielen Mitarbeitern
   - Unternehmen werden auch in Zukunft die Angebote der Personaldienstleistungen nachfragen
4. Literaturhinweis:
   - Hillebrecht, Steffen: Personaldienstleistungen, in: wisu Das Wirtschaftsstudium, 40. Jg., 11/2011, S. 1491–1495.
   - Hillebrecht, Steffen; Peiniger, Anke Andrea: Grundkurs Personalberatung, 5. Aufl., Wiesbaden, 2015.

Referentin: Sandra Musterfrau, Matrikelnr. 5701199, Münzstraße 12, 97070 Würzburg

Anhang 3: Checkliste Moderationskoffer und Zubehör

Inhalt Moderationskoffer – empfohlene Mindestausstattung:

- Pro Teilnehmer mindestens 1 blauer Marker-Stift plus 50 % Reserve (im Fachhandel für ca. 2–2,50 € pro Stift erhältlich), z. B. Edding
- Für die Moderation/Sitzungsleitung mindestens 2 rote Marker-Stifte und 1 dicker roter Stift
- Packen Moderationskarten (ca. 10 pro Teilnehmer, 1 Packen mit ca. 100 Karten kostet im Handel ca. 2–4 €)
- Packen Cluster-Karten (ca. 5 € pro Päckchen)
- Klebefilm („Tesa"), ca. 1–5 € für eine Packung
- Pin-Nadeln (ca. 2–2,50 € pro Dose)
- Klebestift (Pritt o. ä., ca. 2 € pro Stift)
- Handelsübliche Papierschere (ca. 5–10 €)
- Weitere Utensilien nach Bedarf und Erfahrung (z. B. Locher, Teleskop-Stange zum Zeigen etc.), die allerdings das Gewicht erhöhen

Handelsübliche Moderationskoffer haben eine Erstausstattung und kosten je nach Anbieter ca. 100–300 €. Im Heimwerker-Handel kann man preisgünstige Werkzeugkoffer für ca. 20–40 € kaufen, die allerdings etwas schwerer sind und meistens auch eine etwas ungünstigere innere Fachaufteilung aufweisen.

Flip-Chart-Papier:

- Pro vorgesehener Stunde mindestens 5 Blatt (20er Block in der Regel im Fachhandel für ca. 15–20 € erhältlich)
- Kariertes Papier
- Lochung oben vorhanden

Anhang 4: Mögliche Inhaltspunkte für Spielregeln

- Wir sind pünktlich – wir beginnen pünktlich und halten den Zeitplan ein.
- Wir geben einander Wertschätzung und hören uns gegenseitig zu.
- Wir lassen einander ausreden.
- Was wir hier im Raum besprechen, bleibt im Raum.
- Unsere Sitzungsleitung/Moderation arbeitet neutral und ergreift keine Partei.

- Wenn wir Feedback geben, schildern wir zunächst, was wir gehört haben, bevor wir interpretieren und kommentieren.
- Die Gruppe entscheidet.

Anhang 5: Beispiel für einen Feedback-Bogen

Feedback in Stichworten zur Präsentation_______________________________ am

	Inhalt	Meine Anmerkungen
Fachliche Aufbereitung (entsprechend Vorbereitungszeit)		
Medieneinsatz - Folien - Tafel - Handreichung - Sonstiges:		
Persönliche Wirkung - Sprache - Gestik - Auftreten		
Sicherheit im Umgang mit Fragen und Störungen		
Gesamtbewertung		

Besonders gut gefallen hat mir:

Anregen möchte ich:

Literaturnachweise und -empfehlungen

Altmann, G.; Fiebiger, H.: Mediation – Konfliktmanagement für moderne Unternehmen, Weinheim Basel: Beltz 1999.

Große-Halbuer, Andreas u. a.: Der feine Unterschied, in: Wirtschaftswoche Nr. 23 vom 02.06.2005, S. 85–91

Glasl, Friedrich: Konfliktmanagement – Ein Handbuch für Führungskräfte und Berater, 3. Aufl., Bern/Stuttgart: P. Haupt 1992.

Hartmann, Martin: Präsentieren, 9. Aufl., Weinheim: Beltz 2012.

Hartmann, Martin u. a.: Gekonnt moderieren, 4. Aufl., Weinheim: Beltz 2012.

Hillebrecht, Steffen: Seminare, Schulungen und Workshops professionell gestalten, München: Redline Wirtschaft/moderne industrie 2002

Hillebrecht, Steffen: In drei Schritten zum Ziel – Tipps für die Planung erfolgreicher Sitzungen, in: Gemeinde creativ, Nr. 3–2004, S. 19–21.

Hillebrecht, Steffen: Kommunikation und Medien, Gernsbach: Deutscher Betriebswirte-Verlag 2009

Ivey, Allen E.: Führung durch Kommunikation, 2. Aufl., Leonberg: Rosenberger 2000.

Kellner, Hedwig: Konferenzen, Sitzungen, Workshops gestalten, München und Wien: Hanser 2000.

Meyerhoff, Juliane; Brühl, Christoph: Fachwissen lebendig vermitteln, Leonberg: Rosenberger 2004.

Nanz, Patrizia; Fritsche, Miriam: Handbuch Bürgerbeteiligung, Bonn: BPB 2012.

Osgood, Charles E.: An Alternative to War or Surrender, Urbana IL: University of Illionois Press 1962.

Reiter, Markus: Studieren mit Erfolg: Perfekt präsentieren, Stuttgart 2012.

Rossié, Michael: Frei sprechen, München: List 2004.

Schlegel, Gabriele; Tödtmann, Claudia: Business Behavior, Frankfurt/Main: Redline Wirtschaft 2005

Seifert, Josef W.: Moderation & Kommunikation, 3. Aufl., Offenbach: Gabal 1999.

Seifert, Josef W: Visualisieren, Präsentieren, Moderieren, 9. Aufl., Offenbach: Gabal: 1996.

Sikora, Joachim: Handbuch der Kreativmethoden, Bad Honnef: KSI 2001.

Ulrich, Peter; Fluri, E. Management, 4. Aufl., Bern und Stuttgart: P. Haupt 1992, S. 16.

Weidemann, Bernd: 100 Tipps & Tricks für Pinnwand und Flipchart, Weinheim: Beltz 2012.

Wrede-Grischkat, Rosemarie: Manieren und Karriere, 4. Aufl., Frankfurt/Main: FAZ-Verlag und Wiesbaden: Gabler 2001.

© Springer Fachmedien Wiesbaden 2016
S. Hillebrecht, *Gruppenarbeiten vorbereiten und moderieren*, essentials,
DOI 10.1007/978-3-658-12089-4